# A história da escravidão

*Castigo público no Campo de Santana* (1825), de Johan Moritz Rugendas.

Olivier Pétré-Grenouilleau

# A história da escravidão

Tradução
Mariana Echalar

Copyright © Boitempo Editorial, 2009
Copyright © Plon, 2008
Título original: *L'histoire de l'esclavage*

| | |
|---|---|
| *Coordenação editorial* | Ivana Jinkings |
| *Editor-assistente* | Jorge Pereira Filho |
| *Assistência editorial* | Frederico Ventura e Elisa Andrade Buzzo |
| *Tradução* | Mariana Echalar |
| *Preparação* | Tatiana Ferreira de Souza |
| *Revisão* | Íris Morais Araújo |
| *Diagramação* | Antonio Kehl |
| *Produção* | Livia Campos |
| *Capa* | David Amiel |

*Crédito das imagens de capa*
Primeira capa: *Slaves, ex-slaves and children and children of slaves in the American South, 1860-1900* (15), The Rob Oechsle Collection.
Quarta capa: *Slaves, ex-slaves and children and children of slaves in the American South, 1860-1900* (16), The Rob Oechsle Collection.
Foto de fundo: *The slave trade*, National Archives – 200 years of migration to England.
Capa interna: [Cumberland Landing, Va. Group of "contrabands" at Foller's house], James F. Gibson, Library of Congress.

CIP-BRASIL. CATALOGAÇÃO-NA-FONTE
SINDICATO NACIONAL DOS EDITORES DE LIVROS, RJ

P585h
Pétré-Grenouilleau, Olivier, 1962-

A história da escravidão / Olivier Pétré-Grenouilleau ; tradução Mariana Echalar. - São Paulo : Boitempo , 2009.

Tradução de: L'histoire de l'esclavage
ISBN 978-85-7559-152-9

1. Escravidão - História.   2. Movimentos antiescravistas - História.
I. Título.

| | |
|---|---|
| 09-5170. | CDD: 326 |
| | CDU: 326.3 |

É vedada a reprodução de qualquer parte deste livro sem a expressa autorização da editora.

1ª edição: novembro de 2009; 1ª reimpressão: agosto de 2011
2ª reimpressão: julho de 2013; 3ª reimpressão: novembro de 2015
4ª reimpressão: junho de 2017; 5ª reimpressão: janeiro de 2019
6ª reimpressão: agosto de 2021

BOITEMPO
Jinkings Editores Associados Ltda.
Rua Pereira Leite, 373
05442-000 São Paulo SP
Tel.: (11) 3875-7250 / 3875-7285
editor@boitempoeditorial.com.br
www.boitempoeditorial.com.br | www.blogdaboitempo.com.br
www.facebook.com/boitempo | www.twitter.com/editoraboitempo
www.youtube.com/tvboitempo | www.instagram.com/boitempo

# Sumário

Introdução ................................................................. 7
Capítulo 1
**O que é escravidão?** ............................................... 9
Como definir a origem e a natureza da escravidão? .............. 13
*Debate – Gulag* e escravidão penal ................................ 18
Por que é tão difícil chegar a um acordo
sobre o que é escravidão? ............................................. 19
Como os escravagistas viam a escravidão? ........................ 28
*Texto* – A escravidão "natural" em Aristóteles .................. 31
Como os escravos viam a situação imposta a eles? ............. 36
Afinal, o que é um escravo? .......................................... 38
*Zoom* – A maldição de Cam ......................................... 47
*Reportagem histórica* – Os códigos escravagistas ............. 49
*Um debate esquecido* – Os domésticos na
época da Revolução Francesa ....................................... 51

Capítulo 2
**Nascimento e evolução da escravidão** .................... 53
Por que a escravidão surgiu? ........................................ 57
Como a escravidão se perpetuou? ................................. 63
A escravidão na Antiguidade era grande? ........................ 67

Houve um declínio da escravidão na época medieval?............ 76
Quais eram os grandes sistemas escravagistas
na época moderna?............................................................... 81
*Debate* – A escravidão na Ásia................................................ 82
Que formas a escravidão assume hoje?................................... 96
*Texto* – O trabalho infantil hoje............................................ 103
*Debate* – A escravidão e a tortura......................................... 104
*Zoom* – Eunucos e mamelucos............................................. 105

Capítulo 3
**Lutas e abolições**............................................................. 107
Como explicar a "revolução" abolicionista?........................... 111
O abolicionismo: uma reviravolta na história mundial?........ 117
*Texto* – Montesquieu e a refutação do direito de escravizar.... 119
Às vezes não se diz que os abolicionistas eram hipócritas?...... 122
Podemos relacionar o abolicionismo à democratização?........ 126
*Texto* – A cabana do pai Tomás (1851).................................. 128
Os escravos contribuíram para a sua libertação?.................... 130
A luta pelos direitos humanos é devedora do abolicionismo?... 135
O abolicionismo facilitou ou atrapalhou a colonização?......... 137
A luta contra a escravidão acabou?......................................... 139
*Debate* – O abolicionismo é de direita ou de esquerda?........ 141
*Zoom* – Religião e abolicionismo.......................................... 142

**Quatro momentos-chave**.................................................. 145

**Leituras complementares**................................................. 147

# Introdução

A escravidão é um assunto particularmente doloroso e chocante, um crime contra a humanidade, que provoca nossa indignação. É espantoso que tenhamos conseguido conviver com ela durante tanto tempo. Mas bons sentimentos e julgamentos morais não bastam: se quisermos combater de maneira eficaz uma prática tão frequente na história do mundo, temos de nos esforçar para compreender o que ela favoreceu, por que foi imposta por tanto tempo e como pôde ser admitida.

Ora, o que sabemos sobre a escravidão hoje? Muito e ao mesmo tempo muito pouco. Sabemos muito, porque essa prática suscitou inúmeros estudos. Mas também sabemos muito pouco, porque é difícil ter uma ideia clara sobre um fenômeno cujas origens remontam a no mínimo 3 mil anos antes da nossa era e que se desenvolveu em maior ou menor grau na maioria das sociedades humanas. Não dizem também que a escravidão ainda existe ou cresce praticamente debaixo do nosso nariz?

Para um problema complicado, questões simples. Abordarei três ao longo deste livrinho. O que é realmente escravidão? Por que "apareceu" e como evoluiu? Como, afinal, conseguimos aboli-la por toda parte, ao menos oficialmente, embora muitas vezes ela ainda resista de forma clandestina?

Capítulo 1
# O que é escravidão?

*Captura de escravos* (1913), de George Soper.

Às vezes, aquilo que consideramos evidente é o mais difícil de definir. Algumas pessoas comparam o escravo ao proletário, mas será que toda pessoa explorada pode ser reduzida à condição de escravo por conta disso? Inversamente, as pessoas que acham que podem falar de formas de "escravidão branda" não correm o risco de confundir escravos de verdade com simples "domésticos"? Os empregos figurados da ideia de escravidão também contribuem para torná-la ainda mais enigmática; assim, podemos ser "escravos" das nossas paixões, dos preconceitos coletivos e até da moda!

De tanto multiplicar os sentidos de uma mesma palavra, esquecemos seu significado profundo. Então, neste primeiro capítulo, vamos confrontar as diversas interpretações do termo para extrair dele um conceito claro. Tentaremos compreender como, cada um a seu modo, escravagistas e escravos viam a situação. No fim, tentaremos discernir, da maneira mais simples possível, o que poderia eventualmente aproximar a condição de todos os escravos, do passado e do presente.

*Mercado de escravos* (1882), de Gustave Boulanger.

# Como definir a origem e a natureza da escravidão?

O canibal e o escravo

Todos os grandes fenômenos da história têm seus mitos. Ainda encontramos em algumas obras uma história da qual eu, pessoalmente, não conheço a origem. Contam que, um dia, os canibais decidiram manter alguns prisioneiros a seu serviço, ao invés de devorá-los. Foi assim que surgiram os primeiros escravos. Essa história é interessante por mais de um motivo. De fato, o canibalismo remete à imagem da barbárie, ao mundo de antes da humanidade. Fazer a invenção da escravidão coincidir com os primeiros sinais de abrandamento do canibalismo é inseri-la nas próprias origens das sociedades humanas. É aceitar a ideia (ou querer que acreditemos) de que a escravidão está inevitavelmente ligada à vida em sociedade, de que esteve presente quase sempre e por toda a parte.

Entender os primeiros escravos como homens que conseguiram preservar suas vidas e evitaram o mais atroz dos destinos é também, indiretamente, transformar a escravidão numa espécie de "progresso". É o que podemos ler no *Grand dictionnaire du XIXe siècle* (1866–1879) [Grande dicionário do século XIX], de Pierre Larousse, mas também, para nossa surpresa (!), numa obra ainda recentemente reeditada, em que se diz que "servo e senhor [...] prestavam serviço um ao outro"...

Esse mito – porque com certeza é um mito – não é imparcial. Provavelmente, seu alcance vai muito além da história da escravidão. A correspondência entre a escravidão e os primórdios da vida social (ou mesmo entre a expulsão do homem do paraíso terrestre e a obrigação que lhe foi imposta de trabalhar para sobreviver) pode efetivamente decorrer de uma metáfora. Metáfora que sublinha o fato de que o indivíduo perdeu sua liberdade original quando aceitou associar-se aos seus semelhantes. Portanto, a referência à escravidão nessa história pode ter sido apenas um exemplo que nos permite refletir sobre o que é a vida social em geral. Contudo, é fácil deturpar os mitos e as ideias e, de fato, a história que acabamos de citar foi usada muitas vezes para legitimar a escravidão.

Apresentar a escravidão como um fenômeno tão antigo e universal quanto a humanidade equivale a considerá-la mais ou menos "natural" e "tradicional". Ora, no passado, a tradição muitas vezes tinha força de lei. Vestir algo com as roupas da tradição equivalia também a classificá-lo como mais ou menos "brando", à semelhança dos mais antigos maciços montanhosos que, erodidos lentamente, se transformaram em relevos quase planos ao longo de milhões de anos. Ainda hoje não temos tendência a idealizar o que percebemos como tradição?

Universal, natural, tradicional e progressista: não causa surpresa que essa visão da escravidão tenha sido retomada por muitos escravagistas para justificar um sistema injustificável. Também não surpreende que os abolicionistas que lutaram para erradicá-la tenham apresentado sua ação como uma marcha progressiva em direção à civilização, destinada a acabar com uma espécie de pecado original.

Aí está como uma historinha aparentemente inofensiva, com umas poucas palavras, pode nos levar ao âmago da questão. E como nos incita, justamente, a prestar atenção nas palavras.

## Uma só palavra, múltiplos sentidos

Há alguns anos um artigo foi publicado num jornal regional. Sem receber salários por muito tempo, marinheiros russos encalharam num porto francês. O navio foi barrado. Totalmente sem recursos, sobreviveram vários meses graças a doações e à ajuda de voluntários. Nas manchetes da imprensa, esses marinheiros tornaram-se símbolos da "escravidão moderna". Qualquer pessoa sem recursos ou explorada deve ser definida como escrava por causa disso? Não necessariamente. Desde o princípio da humanidade foram inventadas múltiplas formas de exploração do homem. É só pensar nos servos da Idade Média, ou nos "contratados" europeus no século XVII, que, pelo valor da travessia do Atlântico, aceitavam que colonos americanos os explorassem à vontade por um período de três a sete anos, ao longo do qual muitos morriam. Recentemente, referindo-se a eles, um historiador falou de "escravidão temporária". Entretanto, não existiria uma contradição entre esses dois termos? A escravidão não é concebida como uma dependência duradoura e para toda a vida?

O que dizer então das crianças do século XIX duramente exploradas nas minas da Europa? Certa vez, num texto tirado de um livro de primário, as vi sendo apresentadas como verdadeiras escravas. Não podemos nos esquecer também da versão moral da escravidão, a escravidão da alma, ao dizermos que somos "escravos" de nossas paixões. Essa versão surgiu com os estoicos, na Antiguidade, e em especial com o filósofo Sêneca.

Esses empregos diversos da palavra escravo (cuja lista acima não é exaustiva) lembram que muitas vezes misturamos as coisas. Por isso, nosso objetivo neste capítulo consiste em tentar definir o que realmente é a escravidão.

Os documentos redigidos por grandes organismos internacionais, como a ONU, nem sempre nos esclarecem a respeito desse assunto. Embora essenciais (porque denotam uma vontade internacional de combater o flagelo que é a escravidão), esses documentos em geral são muito vagos.

Como muitos documentos internacionais, são resultado de acordos entre diferentes percepções e de relações de forças entre os Estados. Também podemos pensar que a falta de precisão às vezes pode servir para esconder a persistência de uma ou outra forma de escravidão num ou noutro país ou região. O artigo 1º da convenção assinada em Genebra no dia 25 de setembro de 1926 mostra bem o caráter amplo dos documentos oficiais. Nesse artigo, a escravidão é definida como "*o estado ou a condição* de um indivíduo sobre o qual se exercem os atributos do direito de propriedade ou *alguns deles*" (os itálicos são nossos).

Além disso, essas definições evoluem com o tempo, tendendo a englobar cada vez mais aspectos e, assim, diluir a escravidão em outros fenômenos. Segundo a "convenção suplementar relativa à abolição da escravidão", adotada em Genebra no dia 7 de setembro de 1956, incluem-se entre as "instituições e práticas *análogas* à escravidão": a servidão por motivo de dívida, o cativeiro, o casamento forçado (mediante pagamento aos pais, ao tutor ou a qualquer pessoa ou grupo), assim como o trabalho forçado de uma pessoa com menos de dezoito anos de idade.

É evidente que só podemos nos alegrar com a percepção de que cada vez mais coisas contrárias aos direitos do homem sejam oficialmente condenadas. Mas o que esses documentos podem nos oferecer, hoje, para compreender e definir a escravidão noutras épocas, mais antigas, quando esses mesmos direitos não eram considerados algo óbvio? Bem pouco, na verdade.

Definições às vezes opostas

A tarefa não é fácil. Alguns pesquisadores que estudam a escravidão recusam-se, de certo modo, a defini-la. Ora, como podemos refletir sobre um assunto que não foi previamente definido, mesmo que de forma grosseira, em seus contornos principais? Outros pesquisadores utilizam critérios variados e, muitas vezes, opostos.

Para uns, a escravidão seria inteiramente diluível na economia e constituiria um "modo de produção" específico. Consistiria em uma das três etapas na história da exploração do homem (entre o fim da "comunidade primitiva" igualitária e o início da sociedade comunista ideal): escravidão, feudalismo e capitalismo. Emprestado de Karl Marx (1818–1883), esse esquema foi amplamente atenuado pelos historiadores marxistas desde então, mas ainda existe uma escola de historiadores que tende a reduzir a escravidão apenas à sua dimensão econômica.

Adam Smith (1723–1790), apresentado muitas vezes como o grande teórico do liberalismo econômico, empenhou-se em mostrar que o trabalho do escravo só poderia ser menos rentável que o de um trabalhador assalariado livre, que teria mais interesse em sua obra e em sua produtividade. Para ele, a escravidão não poderia ser explicada unicamente (nem mesmo principalmente) por argumentos econômicos. Para compreendermos a existência da escravidão, teríamos de nos remeter às paixões mais extremas do homem e à sua vontade de dominar.

É verdade que, quando analisamos os sistemas escravagistas da América colonial da época moderna (1492–1789), geralmente apresentados como os mais representativos da exploração capitalista do escravo, percebemos que este último nem sempre era tão "produtivo" como se imaginava. O historiador antilhano Frédéric Régent lembra que nas plantações de Guadalupe, Guiana e Reunião, de 40% a 48% dos escravos eram, na verdade, pessoas "impróprias para o trabalho", como crianças ou idosos.

Poderíamos acrescentar às definições de escravidão baseadas na economia ou no desejo de poder aquelas que se assentam em seus aspectos jurídicos. Toda uma tradição histórica insistiu muito no *status* jurídico do escravo, referindo-se à escravidão na Antiguidade (especialmente romana). Mas quem garante que os textos da lei eram aplicados ao pé da letra pelos proprietários de escravos, no dia a dia? Portanto, não é possível saber exatamente a condição dos escravos apenas a partir do direito, ainda que a escravidão dita "penal" tenha existido e sido muito importante na Ásia (em especial na China antiga) e na URSS (antes de 1953). Outras leituras, mais éticas, foram feitas por teólogos e moralistas. Elas nos permitem compreender como seus autores viam a escravidão, o que é, evidentemente, interessante. Contudo, do mesmo modo que o direito, elas não dizem necessariamente o que é um escravo em termos concretos.

O que fazer, então? Escolher uma dessas abordagens totalmente reducionistas ou tentar combiná-las? Mas, nesse caso, como não cair numa definição tão geral que não possa mais ser aplicada às formas concretas de escravidão? Como vemos, não é fácil encontrar uma solução satisfatória para esse problema.

## DEBATE
### *Gulag* e escravidão penal

Podemos falar de escravidão penal? Não, se estivermos tratando de encarceramento em consequência de infração legalmente sancionada, num país democrático, com duração precisa e em geral com previsão de retorno à vida "civil". Mas o que dizer dos locais de detenção de criminosos (os *bagnes*\*, como eram conhecidos) assim como de galés e de escravos que existiram na época moderna? A França transformou esses locais em campos de trabalhos forçados em 1810, mas na Guiana Francesa eles persistiram até 1938. Eles concerniam a um Estado democrático e os "forçados" eram legalmente condenados, embora, na verdade, fossem praticamente excluídos da comunidade civil.

---

\* Trata-se de uma prisão dedicada ao trabalho forçado. A origem da palavra *bagne* remete ao italiano *bagno*, em alusão aos balneários de Constantinopla convertidos em prisões. (N. E.)

O *gulag* (do russo *Glavnoe Upravlenie Lagerei*, "direção geral dos campos") foi instituído em 1923 para os presos durante a guerra civil russa (1918-1921). Ganhou uma dimensão considerável depois, servindo para repelir todos os "inimigos" do regime, de acordo com uma definição extremamente ampla do termo, que incluía também os fazendeiros ricos (*kulaks*). Os campos eram construídos nas regiões mais inóspitas do país. Os presos (*zeks*) eram utilizados em grandes obras (construção de canais, minas, estradas de ferro, mas também da Universidade de Moscou). Tratava-se, com frequência, não só de isolar, mas também de eliminar fisicamente os opositores. A taxa de mortalidade era de fato tão elevada que às vezes atingia 1% *ao dia*. O *gulag* não fugia à lógica dos planos quinquenais, portanto seus objetivos tinham de ser cumpridos. E quando faltava mão de obra, a polícia secreta recebia instruções para prender um número determinado de indivíduos. No total, quase 18 milhões de pessoas foram deportadas entre 1929 e 1953 (ano da morte de Josef Stalin).

Especialistas não hesitam em falar de uma verdadeira escravidão. Totalmente excluídos da sociedade, e para toda a vida, desumanizados sem constrangimento, os *zeks* tornaram-se na realidade simples instrumentos. Poderíamos retrucar que essa escravidão não era hereditária e não implicava a ideia de propriedade. Contudo, o *zek* pertencia, de fato, ao Estado totalitário, que o transformava num absoluto estranho, em alguém que não era dono de si mesmo.

## Por que é tão difícil chegar a um acordo sobre o que é escravidão?

Sem sabermos, muitos hábitos conduzem a orientação do nosso pensamento. Levam-nos a descrever ou definir um ou outro sistema escravagista do passado não em função do que ele realmente foi, mas a partir de imagens baseadas em nossas próprias interpretações. Como em um jogo de espelhos – deformantes, é claro, Darei alguns exemplos aqui.

## No vizinho, é sempre pior

O primeiro consiste em apresentar a escravidão na casa do vizinho sempre como mais séria e deplorável que na nossa. Gilberto Freyre, autor de um livro importante de 1933 sobre a escravidão no Brasil colonial na época moderna, escreveu o seguinte sobre a figura do colonizador português:

Figura vaga, falta-lhe o contorno ou a cor que a individualize entre os imperialistas modernos. Assemelha-se nuns pontos à do inglês; noutros à do espanhol. Um espanhol sem a flama guerreira nem a ortodoxia dramática do conquistador do México e do Peru; um inglês sem as duras linhas puritanas. O tipo contemporizador. Nem ideais absolutos, nem preconceitos inflexíveis.[1]

Não causará surpresa saber que, de sua parte, os colonos ingleses se apresentavam como melhores "senhores" que os espanhóis, e que os franceses faziam o mesmo em relação aos seus concorrentes nas Américas.

Todos foram tentados a fazer o mesmo dentro de um determinado sistema escravagista (equivalente a uma época ou região geográfica). Bastava realçar um traço que supostamente representava uma nação ou outra e transformá-lo no único elemento determinante do resto, em resumo, torná-lo essencial. Assim, no dicionário *Littré* (1863–1872), podemos ler a seguinte passagem, aparentemente tirada de *Histoire philosophique* (1770) [História filosófica], do abade Raynal (1713–1796): "Cada nação europeia tem uma maneira própria de tratar seus escravos: o espanhol transforma-os em companheiros de sua indolência; o português, em instrumentos de sua devassidão; o holandês, em vítimas de sua avareza".

O mesmo cenário repetiu-se, não dentro de um mesmo sistema, mas entre sistemas escravagistas diferentes. O procedimento era o

---

[1] Gilberto Freyre, *Casa-grande & senzala* (46. ed., Rio de Janeiro, Record, 2002), p. 255. (N. E.)

mesmo. Isolava-se um elemento, que se acreditava remeter especificamente a uma sociedade, a um povo ou a uma "civilização", e atribuía-se tal elemento ao conjunto de um sistema escravagista, desde seu surgimento até seu fim. Como se supunha que os europeus tinham "inventado" o capitalismo, considerou-se que o sistema escravagista implantado por eles nas Américas fora determinado unicamente por razões econômicas. Por outro lado, atribuiu-se à África pré-colonial tudo que valorizasse e envolvesse os laços do parentesco, às vezes transformando a escravidão nesse continente em puro assunto de família.

Em relação ao mundo muçulmano, os estudiosos oscilaram entre duas imagens. A primeira é de um universo povoado por eunucos e concubinas, portanto de uma escravidão principalmente sexual, vista muitas vezes como mais "branda" que as outras (as feministas e os humanistas vão gostar de saber disso!). Provavelmente porque a tendência em geral é achar que a "verdadeira" escravidão só pode estar ligada à "produção". Se o escravo não parece ser "produtivo", é classificado entre os servos ou os "empregados domésticos". Simples, não? Em demasia, sem dúvida. Nós voltaremos a essa questão.

A segunda imagem ocidental relativa à escravidão em terra islâmica é o oposto da primeira. É a imagem de um mundo "feroz" e "odioso", como explicou em 1888 o cardeal Lavigerie, braço direito do papa Leão XIII e instigador da "cruzada negra", cujo objetivo era extirpar da África o flagelo da escravidão, apresentada então como obra essencialmente dos "maometanos". Isso também pode ser visto nos relatos dos exploradores europeus sobre a África oriental, repletos de cenas de atrocidades.

Com o tempo... tudo passa

Existe outro costume que pode levar a certa confusão: o que consiste em descrever um fenômeno antigo não em função daquilo que ele foi, mas a partir daquilo em que ele supostamente resultou. Podemos encontrar esse costume no livro [*Casa-grande & senzala*] de Gilberto Freyre, publicado em 1933, em que descreve a escravidão no Brasil como uma experiência particularmente atroz; mas acrescenta que, com o tempo, permitiu a populações extremamente diferentes que se misturassem. Assim, europeus, ameríndios e africanos deram origem a um Brasil multicultural, unido e perfeitamente equilibrado. A sociedade brasileira é, segundo Freyre, "de todas as sociedades da América, a que se constituiu de maneira mais harmoniosa quanto às relações entre as raças".

A ideia de um caldeirão (de um *melting pot*) talvez não seja errada, mas não podemos deduzir daí que essa mistura seja sinônimo de harmonia. De fato, hoje sabemos que, sob formas mais ou menos dissimuladas, ainda há segregação e racismo no Brasil, do mesmo modo que em outras partes da América e do mundo. Não podemos escrever a história passada da escravidão no Brasil a partir da *imagem* da sociedade à qual ela supostamente deu origem um ou dois séculos depois!

Outra derivação do mesmo gênero consiste em considerar que essa ou aquela escravidão, porque teria suscitado mais alforrias do que outra (o que, aliás, é quase impossível verificar), pudesse se constituir em "uma forma de integração" na sociedade (sic!). Isso equivale, novamente, a descrever o passado a partir de uma de suas (ainda múltiplas) consequências possíveis. É também esquecer com muita facilidade que as alforrias nunca foram em massa. Além do mais, o fato de escravos terem se tornado livres e seus filhos ou netos poderem se integrar na sociedade dos homens livres não mudou em nada o destino daqueles que continuaram escravos. A "integração", muitas vezes parcial e sob certas condições, nunca foi permitida senão para alguns. Portanto, apresentar a escravidão como um processo de integração é um absurdo, e perigoso também, porque pode ser um meio de legitimá-la.

## O escravo e o doméstico

Terceiro espelho deformante: a confusão entre o *status* do escravo e o do doméstico (a pessoa que faz a limpeza da casa ou cozinha). De fato, fala-se algumas vezes de escravidão "doméstica" subentendendo que se trata ou de uma escravidão interna de uma dada sociedade ou de um escravo que vive e trabalha na "casa" do seu senhor, mais ou menos como as criadas parisienses do início do século XX. Assim, a escravidão "doméstica" é contraposta à escravidão em que o homem não passa de uma "mercadoria". O escravo "doméstico" é definido como um próximo (membro da mesma sociedade ou pessoa que vive na casa do senhor). Seu trabalho não parece acumular riquezas particulares (não mais do que no caso da escravidão sexual, evocado anteriormente); portanto, em geral, não é considerado "produtivo". Dessas duas características (próximo e não produtivo), deduz-se muitas vezes que o escravo "doméstico" é forçosa e automaticamente bem tratado. Tão bem que, em certos textos, ele se torna uma espécie de filho ou filha da casa. Às vezes, os autores chegam a dizer que não se trata mais de escravidão, mas de uma simples forma de dependência. Mesmo assim...

Tudo isso se funda numa série de mal-entendidos. De fato, como veremos, mesmo que originalmente o escravo fosse membro da mesma sociedade que seu senhor, ele era sempre um "estranho". Além disso, por "casa", é preciso entender o quadro – familiar – de uma exploração e não o lar estrito da família. Foi a partir do termo *oïkos*, relativo a "casa" para os gregos antigos, que se formou a palavra "economia". Na Antiguidade, a *familia* referia-se ao conjunto dos bens e das redes de dependência de um romano poderoso e não a união de pai, mãe e filhos.

Por conseguinte, o escravo "doméstico" não é forçosamente um parente. Aliás, vários grandes especialistas em escravidão, como o antropólogo Claude Meillassoux e o sociólogo Alain Testart, indicaram que o escravo (doméstico ou não) é, ao contrário, o não parente por excelência e, por isso, pode ser explorado. Na verdade, a exemplo do sociólogo Pierre Bourdieu e de muitos outros autores, é preciso distinguir os parentescos reais ou práticos dos parentescos teóricos, que servem para dar uma ilusão de proximidade a fim de dissimular melhor as verdadeiras relações de dominação.

Era o que faziam muitos "senhores" na América colonial da época moderna e em outras partes do mundo. Quando cuidavam para que seus escravos se casassem oficialmente era para tentar se apresentar como "pais" teóricos. Por isso, transformar a escravidão "doméstica" em escravidão forçosamente "branda" é confundir a realidade da exploração inerente à escravidão com as desculpas e as dissimulações que os escravagistas empregavam.

Considerar o escravo "doméstico" não "produtivo" é igualmente criticável, porque leva a obliterar muitas coisas essenciais. A primeira é que o limite entre o trabalho "doméstico" e o agrícola, só para dar um exemplo, nem sempre foi claro e intransponível. No Velho Sul dos Estados Unidos de antes da Guerra de Secessão, nas pequenas e médias plantações, de longe as mais numerosas na época, os "empregados da casa", inclusive mulheres, também eram usados nas colheitas.

Por outro lado, também podem ser produzidos certos bens em "casa": roupas, alimentos, laticínios etc. Enfim, é preciso levar em conta a diversidade de "capitais" no sentido em que entendem os sociólogos, isto é, vantagens e proveitos que podem ser acumulados, trocados, transformados. Pensar que um escravo "doméstico" não é "produtivo" porque não está na origem de moedas sonantes ou de bens que em seguida possam ser convertidos em dinheiro é mais do que reducionista.

Na realidade, o escravo representa um valor enquanto tal. Também pode ser possuído como marca de riqueza e de poder (um sinal exterior de riqueza e de importância, diríamos hoje). Além de fornecer muitos "serviços" (podemos negar sua realidade agora que o setor terciário – de serviços, justamente – é o mais importante e dinâmico da nossa economia?) e cumprir um papel muito importante a quem serve. O escravo ao qual não é atribuído nenhum trabalho laborioso é provavelmente o mais suscetível de desempenhar esse papel simbólico. Assim, o escravo é sempre "útil", no sentido de que representa e gera um "capital", econômico ou não. O que muda é somente o tipo de interesse ou vantagem buscado por um ou outro "senhor", conforme o lugar, a época ou a sociedade.

O escravo "doméstico", portanto, é tão "explorado" quanto qualquer outro. Às vezes, pode ter vantagens particulares ligadas à proximidade com quem o emprega – o cozinheiro, por exemplo, pode se alimentar melhor que o outro. Porém, mais próximo, também pode ser mais rápida e diretamente agredido por um "senhor" colérico. Basta lembrar o destino de muitas criadas, domésticas *assalariadas* da Belle Époque, que tinham de suportar as investidas sexuais do patrão ou do filho dele e, quando ficavam grávidas, eram despedidas. O que dizer então dos "servos" de antes da Revolução Francesa, às vezes espancados ou mortos acidentalmente? Viver na "casa" do senhor, sendo escravo ou não, não leva forçosa e automaticamente a uma vida melhor.

## O escravo e o proletário

Ao confundir exploração ou más condições de vida com escravidão, alguns autores não hesitaram em ver os proletários dos primórdios da industrialização como uma espécie de escravo.

É verdade que, se compararmos a duração média diária de trabalho de um escravo do Velho Sul dos Estados Unidos na metade do século XIX com a de um proletário inglês da mesma época, como fez Robert W. Fogel, prêmio Nobel de economia, perceberemos que o segundo trabalhava mais que o primeiro. Por volta de 1840, referindo-se aos operários menos qualificados de Nantes, o doutor Ange Guépin disse que "viver, para eles, é não morrer". Aliás, a maioria morria bastante jovem; eram dizimados por doenças, causadas em parte pelo trabalho e pelas epidemias, que atingiam os mais fracos antes. O alcoolismo e a prostituição também eram flagelos a que alguns proletários sucumbiam. Em geral, eram fisicamente diferentes dos "burgueses": menores e de pele macilenta.

Assim, muitos defensores do proletariado insistiram na comparação com o escravo para serem ouvidos. Rosa Luxemburgo e os líderes do movimento revolucionário berlinense de 1918–1919 não chamaram seu movimento de "espartaquista" (nome dado igualmente ao partido comunista alemão) em alusão à revolta do famoso gladiador romano Spartacus?

Seguindo a mesma ordem de ideia, Félicité de Lamennais, famoso representante do catolicismo social, escreveu em 1839:

> O que era o escravo em relação ao senhor? Um instrumento de trabalho [...]. O que é hoje o proletário em relação ao capitalista? Um instrumento de trabalho. Alforriado pelo direito atual, legalmente livre de sua pessoa, ele não é propriedade vendável ou comprável daquele que o emprega, é verdade. Contudo, essa liberdade é ilusória. O corpo não é escravo, mas a vontade é. Alguém pode dizer que seja vontade verdadeira a que só pode escolher entre uma morte horrível, inevitável, e a aceitação de uma lei imposta? As correntes e as chibatas do escravo moderno é a fome (*De l'esclavage moderne* [A escravidão moderna]).

A comparação entre o escravo e o proletário também foi utilizada pelos defensores do sistema escravagista. Para mostrar que o escravo das Américas era bem tratado, insistiram, no século XIX, no fato de que muitos dos escravos viviam melhor do que os camponeses ou os operários da Europa, pois eram mais bem alimentados e vestidos. Lembrando que muitos proletários europeus viviam mal, os escravagistas queriam justificar a escravidão. Foi para dar uma resposta a esse tipo de discurso que o abolicionista francês Agénor de Gasparin, falando diante da Câmara dos Deputados, exclamou, com toda a razão:

Fizeram-me o obséquio de me interromper para dizer: "Mais felizes! Os escravos têm comida, hospital, cuidados atenciosos; os castigos perdem rigor a cada dia". Ora, essa é uma asserção contra a qual é importante protestar sempre com energia, porque a própria consciência humana protesta! Espero o dia em que veremos um desses operários livres solicitar a condição de escravo. Um operário livre sente muito bem toda a diferença que há entre a sua desgraça e a ventura do escravo! Ele sente isso. O operário livre [...] não é um escravo, e tudo está nessa palavra (Discurso publicado em *Le moniteur universel*, 31/5/1845).

Se escravo é somente o explorado, isso significa que um empregado vítima de desterritorialização é um escravo. O que não é o caso, é claro. Tanto quanto não era o caso do operário dos primórdios da era industrial ou de uma outra época.

Como conciliar a condenação moral da escravidão com o esforço de contar sua história sem preconceitos?

Acabamos de passar em revista vários "espelhos deformantes": achar que na casa do vizinho é sempre pior; descrever um tipo de escravidão do passado a partir da sociedade que supostamente se originou dele, às vezes vários séculos depois; confundir escravo, doméstico e operário. Isso nos permitiu ver que as imagens sempre podem ser facilmente invertidas e reutilizadas por uns e outros. Os escravagistas algumas vezes as utilizaram para defender seu sistema. Porque todos esses espelhos deformantes, por intermédio de uma espécie de "comparativismo", conduzem a uma hierarquização dos tipos de escravidão. No fim, chega-se assim a escravidões descritas como mais ou menos "brandas" do que outras.

O problema com essa maneira de proceder é que esquecemos que sempre existiu uma grande diversidade de situações dentro de um mesmo sistema escravagista. Nunca existiu um sistema em que todos os escravos fossem unicamente artesãos, unicamente trabalhadores agrícolas, unicamente domésticos ou unicamente eunucos. Além do mais, as condições de vida dos escravos eram frequentemente muito diferentes dentro de uma mesma relação de exploração. Mais grave do que isso, o comparativismo que hierarquiza pode levar, de modo espontâneo ou não, à legitimação das formas de escravidão consideradas mais "brandas" do que outras. Ora, toda forma de escravidão, seja qual for, é um atentado intolerável contra os direitos mais elementares de todo ser humano. Nesse sentido, não se pode falar em escravidão "branda". Senão, seria como se pudéssemos nos conformar com definições variáveis dos direitos humanos. Devemos concluir daí que é melhor não comparar as coisas? Não, de maneira alguma. Na verdade, comparar é uma das tarefas principais do historiador. Contudo, é preciso tentar comparar sem hierarquizar nem tornar o resultado em algo "essencial", sem cair num cálculo sórdido das "vantagens e desvantagens" de cada situação. Em resumo, evitar cair no "comparativismo relativista", que redundaria em aceitar uma escravidão dita "branda", em que a privação definitiva da liberdade seria "compensada" por um mínimo de bem-estar. Pois a escravidão, qualquer que seja a sua forma, é sempre moralmente injustificável.

## Como os escravagistas viam a escravidão?

E os escravagistas? Podemos chegar a uma definição da escravidão estudando o que eles diziam e pensavam? Pessoalmente, eu duvido; mas podemos ver como eles tentavam justificar o injustificável e encontrar desculpas.

## Um fenômeno "natural"

Um desses argumentos consistia em ver a escravidão como um fenômeno "natural": ou porque estava na ordem das coisas ou porque remetia ao projeto divino, se considerarmos que o mundo foi criado por Deus.

Diziam os escravagistas que a "prova" de que a escravidão é "natural" (no sentido primeiro do termo) é que teria existido em todas as sociedades humanas, desde os primórdios e em todas as latitudes. O que não é verdade. Em especial, porque nas sociedades de caça e coleta parece não ter existido escravidão. Sabemos também que, entre os "primeiros povos" da Oceania e do Pacífico, os aborígines australianos não conheciam a escravidão (aliás, nem a domesticação de animais). A escravidão parece não ter existido também na Nova Guiné (salvo entre os maoris da Nova Zelândia) e em toda a Melanésia (com exceção de três sociedades). No restante da região, bem como no extremo oriental da Nova Guiné, a escravidão foi atestada, mas como efeito de influências externas e posteriores de indonésios e muçulmanos. Por último, observaremos que, entre as sociedades ditas "sem Estado", como o Leste Africano (hoje Quênia) e a antiga Califórnia, não houve escravidão.

Esses fatos (que, aliás, não eram necessariamente conhecidos no passado) nunca impediram que a escravidão fosse apresentada como uma "tradição" ou um "costume", o que equivalia a legitimá-la logo de saída, já que associamos aos costumes a ideia de antiguidade e de sabedoria, ou mesmo de "civilização" – basta pensar nos gregos (os "inventores" da democracia) ou nos romanos.

Um exemplo entre muitos dessa atitude é dado pela resposta de Moulay Abd ar-Rahman, sultão do Marrocos (1822–1859), ao pedido apresentado pelo cônsul francês para pesquisar o comércio de escravos no país:

> Saiba que o comércio de escravos é uma questão sobre a qual todas as seitas e todas as nações estão de acordo, desde a época dos filhos de Adão, que a paz de Deus esteja com ele, até hoje, e não conhecemos nenhuma seita cujas leis a proíbam. E pessoa nenhuma deve fazer esse tipo de pergunta, pois a prática é patente em todos os níveis e não exige mais demonstração que a luz do dia. Porém, se houve um evento

particular, queira nos informar expressamente, a fim de que a resposta à nossa pergunta seja pertinente (4/2/1842).

Quanto aos textos sagrados, como muitas vezes eram ambíguos, os escravagistas podiam extrair deles outras "provas" relativas ao segundo sentido de "natural". Vejamos a Bíblia, por exemplo. Percebemos que a escravidão está fortemente presente no Antigo Testamento e que era corrente entre os hebreus, o povo "eleito" de Deus. Sua presença é menor no Novo Testamento, que enfatiza o amor que une a divindade a todos os homens. Escolhendo os textos mais adequados aos interesses do momento, e às vezes não hesitando em truncá-los (como veremos mais adiante na história da famosa "maldição de Cam"), os escravagistas se apoiaram várias vezes no Antigo Testamento. Os abolicionistas, ao contrário, fundamentaram-se, sobretudo, no Novo Testamento.

## Uma proteção contra a desordem e a ruína

Um segundo argumento – a escravidão como proteção contra a desordem e a ruína – está em parte ligado ao primeiro. De fato, a maioria dos defensores da escravidão tentou legitimá-la dizendo que os homens sobre os quais ela pesava eram "naturalmente" inferiores aos seus "senhores". Desse ponto de vista, a escravidão permitiria o respeito às hierarquias "naturais". Algumas pessoas até acrescentariam que, pelo contato com o "senhor" e pela disciplina que este lhe impunha, o escravo podia lutar contra a sua própria desordem e "civilizar-se".

A tese da escravidão por "natureza" aparece no livro *Política**, do filósofo grego Aristóteles (384–322 a.C.), e se insere num pensamento de "harmonia do mundo", concebido como um sistema hierarquizado em que cada ser tem seu lugar e assim, supostamente,

---

\* Ed. bras.: Aristóteles, *Política* (trad. Mario da Gama Kury, 3. ed., Brasília, Editora Universidade de Brasília, 2005). (N. E.)

cada uma das partes contribui para o equilíbrio do conjunto. Nesse contexto, qualquer tentativa de um indivíduo de sair do papel que lhe fora designado é vista como algo que deve levá-lo à ruína e como uma ameaça de caos para a sociedade.

## TEXTO
## A escravidão "natural" em Aristóteles

*Em Política, o filósofo grego Aristóteles indaga se a escravidão é ou não contra a natureza.*

[...] uma família[2] completa compõe-se de escravos e de pessoas livres [...], a propriedade é uma parte da família e [...] a arte de adquiri-la é uma parte da administração familiar. [... Do mesmo modo] que as atividades técnicas especializadas devem necessariamente recorrer a instrumentos apropriados, se quisermos que a obra seja levada a bom termo, o mesmo se dá na administração familiar. [... Os] instrumentos são inanimados ou animados, por exemplo [...] o leme é inanimado, ao passo que o timoneiro é animado [...], o escravo é um bem animado adquirido [...].

Portanto, se isso era possível para cada instrumento, porque recebeu ordem ou teve o pressentimento de levar a cabo sua própria obra, como se diz das estátuas de Dédalos [...] que, segundo o poeta, entravam por si sós na assembleia dos deuses; se, do mesmo modo, as lançadeiras tecessem por si próprias, [...] então os engenheiros não teriam necessidade de executantes, nem os senhores de escravos [...].

Em seguida, é preciso examinar: se existe alguém que seja assim por natureza, se é melhor e justo para alguém ser escravo; ou, de modo contrário, toda escravidão é contra a natureza. Ora, o problema não é difícil [...]. Desde o nascimento é operada uma distinção em alguns, devendo uns ser comandados e outros comandarem. [...] E o coman-

---

[2] Por família, o autor entende aqui a unidade da vida familiar, com seus membros e todo o necessário à sua manutenção, como os escravos, "instrumentos animados". Evidentemente, não se trata da família atual, composta de pai, mãe e filhos.

dante é sempre melhor quando comanda melhores, um homem, por exemplo, do que um animal [...]. Encontramos isso entre os seres animados em virtude da natureza toda.

Encontramos um eco distante desse pensamento nos conceitos de muitos fazendeiros americanos da época moderna, bem como nas memórias de uma princesa árabe de Zanzibar, Emily Ruete, publicadas em 1888. Num capítulo dedicado à escravidão, ela diz que são "as desigualdades de natureza" que "diferenciam as responsabilidades", antes de falar da "falta de inteligência da raça negra" e dos escravos das plantações de seu pai, que só trabalhavam quando apanhavam:

> O negro ama sua comodidade acima de tudo, só trabalha quando é absolutamente forçado e, ainda, só se submete debaixo do mais severo controle [...]. Ficar preso não é castigo que os assuste, ao contrário: um negro se sentirá bem feliz de passar uns dias na prisão, ao abrigo do calor e dispensado do trabalho [...], ganhará novas forças para prosseguir o curso de seus malfeitos uma vez devolvido à liberdade [...]. Em semelhantes condições, infelizmente só há um meio eficaz: os castigos corporais.

Segundo os escravagistas, a escravidão não é apenas uma proteção contra a desordem individual, mas também permite que uma sociedade atinja e conserve um equilíbrio "justo". Dizem que é por isso que o "direito das gentes" (isto é, o direito estabelecido pelos homens que vivem em sociedade, diferentemente do direito natural ou do direito divino) reconhece a escravidão praticamente em todo o mundo.

Esse argumento foi veementemente utilizado quando os escravagistas se sentiram ameaçados pelas críticas dos abolicionistas, assim como pelos progressos do mundo "moderno" e industrial. Eles idealizaram o próprio sistema. Na época, os fazendeiros do Velho Sul não hesitaram em apresentar a sociedade escravagista "patriarcal" em que viviam como a única proteção contra a desumanização crescente e insidiosa do mundo moderno. Encontramos essa ideia no livro de Gilberto Freyre (1933), apesar de ele não ser escravagista:

> [foi] desfeito em 1888 o patriarcalismo que até então amparou os escravos, alimentou-os com certa largueza, socorreu-os na velhice e na doença, proporcionou-lhes aos filhos oportunidades de acesso social. O escravo foi substituído pelo pária de usina; a senzala pelo mucambo; o senhor de engenho pelo usineiro ou pelo capitalista ausente.[3]

## Escravidão e racismo

Considerar que alguns homens são "naturalmente" inferiores a outros é o mesmo que adotar uma atitude que podemos classificar de racista, pois passamos facilmente da afirmação de uma "inferioridade natural" de alguns homens para um pretenso "direito" de mantê-los numa posição social de dominação (esquecendo que, evidentemente, não é a "natureza" que dita o direito). Escravidão e racismo aparecem assim intimamente ligados – embora, como fizeram muitos especialistas, seja preciso distinguir dois tipos de racismo, que, aliás, podem se combinar.

O primeiro associa a ideia de inferioridade "natural" às características físicas, como a cor da pele. Ele atingiu sobretudo as populações da África negra. Como disse muito tempo atrás Eric Williams, uma figura intelectual importante do movimento terceiro-mundista, esse tipo de racismo desenvolveu-se sobretudo a partir do momento em que surgiu um comércio em grande escala de escravos negros, tanto em direção à África do Norte e do Oriente Médio quanto às ilhas do Atlântico, do oceano Índico e das Américas. Portanto, tal racismo foi uma das consequências do que chamamos de tráfico negreiro – sem dúvida, a mais grave e mais duradoura –,

---

[3] Gilberto Freyre, *Casa-grande & senzala*, cit., p. 62.

porque, nas Américas, a escravidão instituiu-se a partir da cor, no sentido de que, pouco a pouco, praticamente só os africanos negros continuaram escravos.

Em muitos outros sistemas escravagistas, os escravos eram provenientes de regiões muito diversas, portanto não eram necessariamente da mesma cor. Depois de alforriado, o novo liberto tinha de suportar o peso da "mácula" servil, isto é, a desonra da escravidão, cuja lembrança às vezes persistia por muitos anos na visão dos outros. Quando a escravidão estava ligada à cor da pele, a mácula servil era ainda mais forte, daí a continuidade de políticas ou de formas de discriminação muito depois do fim da escravidão. É o caso dos Estados Unidos, às vezes da França, mas também da Mauritânia, em relação aos haratins (grupo de "descendentes de escravos"). Poderíamos dar muitos outros exemplos.

O segundo tipo de racismo é mais cultural que físico. Os gregos antigos, por exemplo, alimentavam um sentimento de superioridade em relação aos "bárbaros", isto é, aos que não falavam o idioma deles. O uso do idioma grego era considerado pelos filósofos o meio mais natural de praticar a razão, elemento essencial da "humanidade". Eles eram "racistas"? Seríamos espontaneamente levados a responder que sim, na medida em que alguns, como Aristóteles, consideravam que o escravo era inferior ao homem livre e que seu *status* derivava de uma diferença de natureza.

No entanto, enquanto alguns especialistas da Antiguidade admitem falar em racismo, outros relutam. Em especial, porque constatam que Aristóteles pressupunha a alforria, isto é, a possibilidade de um escravo tornar-se livre. Ora, como um ato como a alforria poderia compensar uma diferença dada como de natureza? Parece haver uma contradição aí. Contradição que, longe de limitar-se ao discurso de Aristóteles (apesar de, estudando seu pensamento, podermos encontrar formas de resolvê-la em parte), está em quase todos os escravagistas, através do tempo e do espaço.

## Um mal necessário

Logo surgiram outras contradições. A primeira, e mais evidente, resumia-se numa pergunta: se a escravidão era realmente "natural", por que tanto esforço para justificá-la? Algumas vezes, os cristãos também se perguntaram como um Deus intrinsecamente bom podia permitir a escravidão.

Surgiu daí um outro tipo de justificativa, que consiste em soltar um pouco o lastro e reconhecer que, mesmo sendo "patriarcal" ou "doméstica" (como diziam quase todos os escravagistas), a escravidão era, no mínimo, um sistema particularmente cruel. Mas acrescentando que, apesar disso, ela era absolutamente necessária por uma série de razões: para combater a desordem individual, garantir a ordem social, permitir aos cidadãos atenienses dedicar-se à política (desincumbindo-os das tarefas puramente econômicas), garantir a produção de gêneros tropicais (considerados necessários no caso da escravidão americana) etc. A escravidão tornou-se assim uma espécie de mal necessário e uma aplicação do ditado que diz que os fins justificam os meios.

Às vezes, encontramos uma ideia que concorda com esse ditado. Ela diz que, antes da introdução da máquina e de outros progressos técnicos, talvez fosse difícil abrir mão da escravidão. Era o que diziam alguns abolicionistas do século XIX. É claro que não para defender a escravidão, mas para convencer seus contemporâneos de que, naquele momento de progresso técnico que estavam vivendo, nenhuma justificativa, nem mesmo econômica, era válida. Mais genericamente, os cientistas perguntaram-se se a escravidão era um fator de progresso econômico ou um freio: era fator de progresso porque mobilizava uma grande força de trabalho e era freio porque o fato de existirem escravos podia conduzir ao não aperfeiçoamento das técnicas existentes. Até hoje, essas duas hipóteses continuam empatadas.

Todas essas pseudojustificativas da escravidão lembram que a noção moderna de direitos humanos (isto é, de direitos inalienáveis, adquiridos desde o nascimento, e dos quais todo homem e toda mulher devem poder dispor livremente) surgiu há muito pouco tempo na história da humanidade. Em épocas passadas, grandes homens – que não eram nada "rústicos" – acomodaram-se à existência da escravidão. Uma existência que hoje, felizmente, é claramente monstruosa.

## Como os escravos viam a situação imposta a eles?

O silêncio da história

Como os escravos viam o sistema do qual eram vítimas? Infelizmente, não há muitas respostas para essa pergunta, porque nunca se perguntou a opinião deles. Os raros escravos que estavam em condições de se expressar tiveram de esperar até a alforria e então transcrever suas memórias pelo prisma da nova condição.

Dispomos de poucos documentos desse tipo para a Antiguidade e a Idade Média. Algumas memórias de antigos escravos americanos foram publicadas no fim do século XVIII. A única grande pesquisa efetuada foi realizada no início dos anos 1930, nos Estados Unidos, quando se recolheram em grande escala todas as lembranças possíveis dos antigos escravos do Velho Sul, quase 65 anos depois da abolição da escravidão – datada de 1865, época em que os entrevistados mais idosos eram apenas crianças. Quanto ao resto, às vezes encontramos cartas isoladas ou depoimentos breves, que estão começando a ser recolhidos.

Por enquanto, é em geral de maneira indireta, tentando retraçar não o que os escravos disseram, mas o que fizeram, que podemos ter esperanças de saber melhor como eles viam a escravidão.

Entre resistência e resignação

A escravidão era sempre um sofrimento porque forçosamente significava o rompimento de relações familiares e sociais, a intrusão num mundo novo e a ausência de liberdade (mesmo no caso do eunuco, que vivia

confinado num palácio, mas não podia ter descendência e ficava sujeito aos caprichos do seu senhor). Os atos de resistência e de revolta eram muitos. Os escravos que não se revoltavam, mas no dia a dia tentavam obter alguma autonomia, eram, sem dúvida, ainda mais numerosos. Às vezes, como na América espanhola do período colonial, alguns escravos processavam seus "senhores". Eles também tentavam recriar os laços sociais por meio da família, da música, da dança...
Em geral, os escravos não podiam ter descendência legal. Consequentemente, não eram concorrentes e ficavam presos à sorte de seus "senhores". É por isso, de maneira um tanto espantosa para nós, que muitos escravos foram vistos e utilizados como gente de confiança em várias sociedades: guarda-costas, membros de milícias privadas, soldados, mas também algo como "funcionários públicos". Foi assim na China dos Han (206 a.C. – 220 d.C.), no mundo muçulmano, na África negra (os escravos da "coroa" ou do "rei"), entre os índios da costa noroeste da América, no Império Romano ou ainda nas ilhas Célebes.

Em sua *História dos berberes*, o grande historiador árabe Ibn Khaldoun (1332–1406) escreveu que os soberanos gostavam de apoiar sua "autoridade em tropas domésticas", formadas por "escravos tirados do estrangeiro e criaturas presas à sorte de seus senhores". Na Guerra de Independência dos Estados Unidos, que opôs os fazendeiros das treze colônias à Inglaterra (1776–1783), escravos negros se alistavam em troca da promessa de liberdade nos dois campos. E, na insurreição de São Domingos, alguns "senhores" foram salvos por seus escravos.

Os alforriados às vezes tinham escravos, como Toussaint--Louverture, que foi cocheiro e se tornou líder da grande revolta negra de São Domingos (1791–1804). Como homens de seu tempo, os escravos ainda não tinham tido a chance de imaginar uma sociedade sem escravidão. Os *zendjs*, que se revoltaram na região do baixo Iraque no século IX da nossa era, tentaram instaurar uma nova ordem em benefício próprio, passando do *status* de escravos para o de senhores. Spartacus e suas tropas mandaram alguns de seus prisioneiros lutar até a morte, imitando assim os jogos de circo da qual foram vítimas.

Um livro publicado pela editora da Universidade de Harvard, e traduzido recentemente para o francês, conta a história de duas princesas de Old Town, no Velho Calabar, atual Nigéria, que foram capturadas por negreiros ingleses e se tornaram escravas nas Américas. Quando conseguiram comprar sua liberdade, foram para a Inglaterra, onde frequentaram os meios abolicionistas até voltarem para o Velho Calabar e entrarem para o comércio de escravos. Inversamente, Olaudah Equiano, como certo número de outros iguais a ele, foi escravo na América e, depois de alforriado, dedicou grande parte de sua vida a militar em favor da abolição da escravidão.

Esses exemplos mostram que, como todos os outros homens, os antigos escravos não tiveram apenas *uma* atitude diante da escravidão. Sua relação com o sistema foi variada e, algumas vezes, evolutiva. Tudo isso nos lembra que foi preciso tempo, muito tempo, para que a própria ideia de escravidão começasse a ser banida do pensamento universal.

### Afinal, o que é um escravo?

Agora sabemos o que a escravidão não é. Ela não é "natural". Também não é inteiramente diluível na economia e na ideia de exploração. Más condições de vida não bastam para transformar alguém em escravo. A escravidão não corresponde a um sistema de produção determinado. Os escravos trabalharam nas minas, foram preceptores dos filhos de seus "senhores", cocheiros e cozinheiros. Houve escravos tanto na economia antiga como na época medieval, no capitalismo comercial e na época industrial. E ainda hoje, no nosso mundo dito pós-industrial, existe escravidão.

Afinal, o que reafirma essa ideia de escravidão? É possível definir a escravidão? Talvez, mas desde que se recorra a um pequeno número de fatores – e não a um só – e se aceite a ideia de que às vezes esses fatores se combinam de maneiras diferentes, em função do lugar e da época.

## O escravo é um "estranho"

Antes de tudo, o escravo é um estranho. Não necessariamente alguém oriundo de outra região, como poderia levar a pensar um dos sentidos comuns da palavra em francês\*, mas uma pessoa que está fora do grupo de referência numa dada sociedade. Na realidade, sem isso, é quase impossível ser um verdadeiro escravo, totalmente dependente de outra pessoa. Estranho, mas a quê?

Não somente a um grupo determinado, mas também a uma dimensão fundamental da vida desse grupo (o escravo não é excluído necessariamente de tudo, nem que seja para evitar tensões demasiado fortes). Para os atenienses, o idioma grego e a participação na vida da pólis. Para outros, podia se tratar de diferenças físicas, religiosas, de origem, ou mesmo uma combinação desses vários aspectos.

No mundo muçulmano, por exemplo, um muçulmano não pode ser escravo. Então, o que fazer com os escravos que se convertem? No século XV, Ahmad al-Wancharisi respondeu que o escravo era "uma humilhação e uma servidão devidas à descrença *presente ou passada*". Pouco a pouco, no decorrer do período medieval, tornou-se evidente para os europeus que eles não podiam escravizar outro europeu, porque eram todos cristãos. Mas isso não impediu o tráfico de escravos cristãos ortodoxos entre o leste e o oeste do Mediterrâneo.

Tudo isso para dizermos que esse "estranho" que é o escravo nunca é "naturalmente" estranho. Variáveis de um grupo para outro, as diferenças apontadas são, na verdade, escolhidas e construí-

---

\* Referência à etimologia da palavra escravo, derivada do latim medieval *sclavus, slavus* [eslavo]. Tal derivação remete ao grande número de eslavos tornados escravos nos Bálcãs pelos bizantinos e germânicos durante a alta Idade Média. (N. E.)

das. Também podem mudar. Portanto, estranho é aquele que é percebido e apresentado como tal.

Às vezes, o estranho é alguém que pertencia originalmente à comunidade, mas foi transformado, por assim dizer, num estranho. É o que acontece no caso da escravidão por dívida: não quando uma pessoa trabalha para pagar um adiantamento, mas quando fica claro que o adiantamento nunca será quitado, que a servidão vai durar a vida inteira, passando até para os filhos. Isso implica uma degradação profunda e real, suficiente para excluir essa pessoa da sua comunidade de origem. Aliás, às vezes bastava um artifício. Em Roma, as crianças abandonadas à vista de todos podiam ser escravizadas, porque tinham sido excluídas do grupo.

Portanto, não existe servidão realmente "interna" a uma sociedade, entre aqueles que se reconhecem como membros de uma mesma comunidade. Nunca se escraviza um semelhante. Antes, é preciso excluí-lo de uma maneira ou de outra daquilo que supostamente confere a mais alta humanidade aos "senhores". É por isso que esses últimos nunca baseiam sua dominação unicamente na força, mas numa concepção da discriminação que os permite justificar, para si mesmos, o que eles impingem aos que se tornaram seus escravos.

Em geral, quando um escravo vem de fora dos limites originais do grupo, é porque foi capturado ou comprado. Também pode ter vindo de longe, ter passado por diversos "senhores". Isso contribui para o processo que permite transformá-lo pouco a pouco num "estranho": estranho ao grupo do qual foi tirado, estranho ao grupo no qual se tornou escravo. Tudo isso é simbolizado pelos ritos que marcam sua entrada na sociedade escravagista.

Esses ritos podem mudar conforme a sociedade (embora o ato de dar outro nome ao escravo seja bastante frequente), mas existem sempre, de uma maneira ou de outra. Os escravagistas do passado (mas às vezes também alguns analistas do presente um pouco precipitados) interpretam esses ritos como um sinal de admissão numa espécie de grande família. No entanto, antes de tudo, esses ritos consistem em

A escravidão por dívidas, venda de sua pessoa ou de parentes para a escravidão

● Presente e considerada legítima

▲ Concebível em épocas distantes (Antiguidade ou Idade Média), segundo fontes antigas

Fonte: Alain Testart, *La servitude volontaire: l'origine de l'État* (Paris, Errance, 2004, v. 2).

"despossuir" o escravo de si mesmo. Eles mostram quem é o "senhor" e quem é o "escravo". Costumes ou textos jurídicos (os códigos; ver "Reportagem histórica", p. 49) também servem para manter ou repetir essa transformação do escravo num estranho.

## O escravo é um indivíduo "possuído" por seu senhor

Além do fato de ser um "estranho", segundo dizem, o escravo é "propriedade" do seu senhor. O problema desse termo é que ele tem uma conotação jurídica. Ora, esta se define de diferentes maneiras nas sociedades consuetudinárias e naquelas em que o direito é escrito. Além disso, é uma noção ambígua: a propriedade pode ser "imanente" (quando dispomos oficial ou teoricamente de alguma coisa ou de alguém, sem necessariamente poder usufruir deles) ou "útil" (quando temos o direito de usar de fato ou mesmo de abusar de uma coisa ou de uma pessoa). Enfim, a ideia de propriedade remete sobretudo à economia, na qual a escravidão está inserida, sem dúvida, mas que não se limita de todo, como vimos.

No meu entendimento, um elemento essencial que caracteriza o escravo é o fato de o "senhor" poder ser seu dono, tendo ou não títulos oficiais, escritos ou consuetudinários. Tornando-se escravo, o homem livre sabe que pode ser submetido ao mais total arbítrio, porque não pertence mais a si mesmo. Isso gera uma angústia terrível, como relata João Mascarenhas, um comerciante português que foi escravo em Argel entre 1621 e 1626:

> Seguramente não existe momento pior na vida do que aquele em que um cativo está à espera de saber a sorte que o seu senhor lhe reserva, [pois] um homem não pode conhecer desgraça maior [...] do que ser escravo. Se além disso a má fortuna o põe nas mãos de um senhor cruel, ele não pode esperar mais nada do futuro e pode se considerar o mais desgraçado dos homens: não existe inferno mais sórdido nesta vida.

O "senhor" é dono do escravo porque o comprou ou adquiriu (por doação, herança...) e pode cedê-lo. *Assim, a existência da escravidão subentende a existência do comércio de homens. Ela é a mercantilização do homem como tal, em sua totalidade.* A isso se junta a transmissão hereditária, que é quando o filho de um escravo se torna também escravo.

Essa "posse" não precisa ser exercida de maneira totalitária, e nem sempre é. Alguns "senhores" são particularmente cruéis, outros nem tanto. Às vezes, o escravo dispõe de certa liberdade ou de vantagens (ter um pedaço de chão, trabalhar por conta própria algumas horas por dia, ser alugado para outra pessoa, tornar-se artesão, ter certo acesso à economia e, desta forma, eventualmente, algum dia comprar a própria liberdade etc.). No entanto, essa liberdade e essas vantagens são sempre condicionadas à vontade daquele que "possui" o escravo.

O "senhor" podia ser uma grande figura, um rei ou um imperador. Seus escravos, de certo modo, eram escravos "públicos". Mas como em todos os cantos do mundo demorou um bom tempo até que se fizesse diferença entre bens pessoais do rei e bens públicos, esses escravos também faziam parte do patrimônio particular do soberano, salvo exceções. De maneira geral, em todas as épocas e em todos os lugares, podemos estimar que a imensa maioria dos escravos pertenceu a pessoas "físicas".

Caímos aqui em outra particularidade, extremamente forte, introduzida pela ideia de posse. O escravo dependia estreitamente do seu "senhor". Com isso, ele fugia em grande parte do controle do soberano. Este podia legislar, mas no dia a dia era o "senhor" quem mandava de fato. Isso levou o sociólogo Alain Testart a dizer que, muito paradoxalmente, nos Estados mais despóticos (em que o monarca tenta estender seu controle ao máximo), os escravos estavam talvez menos sujeitos ao arbítrio do seu "senhor".

## O escravo é um homem na condicional

Sendo um "estranho" e, ainda por cima, "possuído" por seu senhor, o escravo podia ser "desumanizado" com facilidade. Entre os anglos e os saxões da Idade Média, quem se tornava escravo por causa da fome colocava a cabeça nas mãos do senhor e recebia dele um podão ou uma canga. Na antiga Babilônia, os escravos podiam ser marcados. Na época do tráfico negreiro, eles eram marcados geralmente no litoral africano, antes mesmo de serem degredados para as Américas.

A esses rituais destinados a mostrar que a pessoa escravizada agora estava sob o jugo de outra somavam-se os discursos dos escravagistas, que em geral rebaixavam seus escravos à condição de coisas ou animais. Assim, para Nasir al-Din Tusi, escritor persa do século XIII, os *zendjs* – habitantes da África negra oriental – somente diferiam dos animais porque "suas duas mãos estão erguidas acima do solo".

Podemos reconhecer, nesse tipo de declaração, uma síntese das principais estratégias de autojustificativa dos escravagistas às quais já fizemos alusão. Em primeiro lugar, ele permitia legitimar o poder do "senhor", pois supunha-se que esse poder era exercido sobre indivíduos "inferiores". Em segundo lugar, ele isolava os escravos da sociedade dos "senhores" e, com isso, marcava uma distância aparentemente intransponível entre eles. Por fim, a assimilação dos escravos a um animal ou a uma coisa parecia indispensável para poder explorá-los melhor.

Isso não impediu os escravagistas de reconhecerem que os escravos eram homens e que, nessa qualidade, tivessem um certo número de direitos, citados em geral nos "códigos" escravagistas. A verdade é que, depois de ser arrancado do seu mundo original, o escravo sofria uma "morte social", como indicou o sociólogo Orlando Patterson. No entanto, depois disso ocorria um renascimento social, buscado pelo escravo e, ao mesmo tempo, mais ou menos controlado pelo "senhor".

Portanto, o escravo continuava sendo um homem: de um lado, porque resistia ao processo de desumanização e, de outro, porque este podia ser apenas parcial. Se o escravo não fosse ou não continuasse sendo um homem, ele seria de pouca utilidade para o "senhor".

É o que diz Claude Meillassoux:

> Nos termos do direito, o escravo é descrito como um objeto de propriedade [...]. Mas do ponto de vista da exploração, a assimilação de um ser humano a um objeto ou mesmo a um animal é uma ficção contraditória e insustentável. Se na prática o escravo fosse tratado como tal, a escravidão não teria nenhuma superioridade sobre o uso de instrumentos materiais ou a criação de animais. Na prática, os escravos não são utilizados como objetos ou animais [...]. Em todas as tarefas – mesmo no transporte de carga – e por menos que seja, apela-se para a razão do escravo, e sua produtividade ou utilidade aumenta na proporção do recurso que se faz a sua inteligência.

Pelo Código Negro (1685) que regia as relações entre "senhores" e escravos nas colônias francesas, o escravo era considerado um bem móvel (artigo 44). Ainda por esse código, porém, se o escravo se casasse, o casamento deveria ter celebração religiosa, de acordo com as regras – o que não poderia aplicar-se a um animal ou a uma coisa.

*Assim, as mesmas pessoas podiam reconhecer que seus escravos eram homens e ao mesmo tempo considerá-los semelhantes às coisas ou aos animais. Na realidade, é essa contradição que em parte permite definir a escravidão. E é ela que determina o "valor" do escravo para o "senhor".* O sociólogo norte-americano Talcott Parsons resumiu isso muito bem ao dizer que o valor de um escravo enquanto propriedade reside no fato de que ele é uma pessoa, mas seu valor enquanto pessoa depende do estatuto que faz dele uma propriedade.

Portanto, o escravo é um homem que continuará sendo sempre um homem, mas às vezes pode ser rebaixado à condição de coisa ou de animal, segundo a vontade do seu "senhor". *Poderíamos dizer que o escravo é uma espécie de homem na condicional.*

### O escravo é um sujeito "útil" ao seu senhor

Ao contrário do servo da Idade Média, que era unicamente um trabalhador agrícola, o escravo ou a escrava eram pau para toda obra. O que predomina na escravidão e, sem dúvida nenhuma, explica em parte sua duração e sua extensão no mundo todo é sua extrema maleabilidade. O escravo podia ser soldado, eunuco ou concubina, artesão, banqueiro ou preceptor, lavrador, doméstico, carregador, marinheiro, mineiro ou operário. Ele nem sempre era "produtivo" no sentido primeiro do termo. Aristóteles distinguia "fabricação" de "ação". Para ele, o escravo era antes de tudo "um subordinado na ordem da ação", um servidor mais do que um "produtor".

Portanto, o escravo não estava necessariamente na origem da produção de um bem visível, mas era sempre útil e proveitoso. Um proveito e uma utilidade que variaram muito, conforme a sociedade, a época e o lugar: podia render dinheiro se fosse alugado, produzir gêneros agrícolas, participar do prestígio de seu "senhor" ou ainda defender pelas armas a influência deste. Nas sociedades "cognáticas" (isto é, organizadas em grupos supostamente descendentes de um mesmo ancestral), a escravidão permitia aumentar o número de dependentes da família. Em qualquer caso, fosse militar ou elemento de uma linhagem, o escravo contribuía para reforçar os poderosos. Ele era um trunfo político. Essa função política da escravidão foi particularmente importante na África negra e no mundo muçulmano.

O escravo estava igualmente sujeito a todos os tipos de abusos sexuais, em todas as partes do mundo. Num livro sobre a escravidão na península Ibérica no fim da Idade Média e na época moderna, publicado em 2000, o historiador Alessandro Stella lembra que essa motivação, "deixada de lado em proveito de justificativas exclusivamente econômicas", foi "sem dúvida uma razão poderosa para a escravidão". E acrescenta que o que foi demonstrado "para a escravidão árabe, americana, africana ou chinesa" também "podia ser visto em prática no velho continente", num contexto de "sociedades cristãs e monogâmicas, nas quais a Igreja tentava impor sua moral sexual". O assunto era "guardado em segredo" e "a prática não era exposta, muito menos assumida".

À sua maneira, a utopia ou a narrativa das origens do homem são um testemunho dessa utilidade geral, do papel de pau para toda obra que eram potencialmente os escravos. Para os gregos antigos, num mundo sem escravos (necessariamente mítico para eles, porque não concebiam uma sociedade sem escravidão), todas as tarefas se realizariam sozinhas.

"Cronos reinava outrora", disse Crates, escritor da comédia antiga (morto talvez por volta do ano 424 a.C.). Naqueles tempos, "jogava-se cucarne com pão" e "despencavam das árvores, como frutos maduros, biscoitos [...] escorrendo leite". E Telecleides, contemporâneo de Péricles, teria escrito depois de 446 a.C.:

> Em todo riacho corria vinho. O pão de cevada rivalizava com o pão do melhor trigo na boca dos homens, suplicando que os devorassem se apreciavam o pão alvíssimo. O peixe vinha às casas, fritava-se sozinho e servia-se à mesa. Um rio de sopa corria aos pés dos divãs, carregando nacos de carne ainda quentes. Dutos de molho picante estavam ali para quem quisesse [...]. Nos pratos fundos apareciam bolos polvilhados com especiarias [...]. Os homens eram gordos então, enormes gigantes!

## ZOOM
### A maldição de Cam

Noé, o lavrador, começou plantando a vinha. Tendo bebido vinho, embriagou-se e desnudou-se em sua tenda. Cam, pai de Canaã, viu a nudez de seu pai e avisou seus dois irmãos, que estavam do lado de fora. Mas Sem e Jafé pegaram o manto, colocaram-no ambos sobre os ombros e, andando de costas, cobriram a nudez de seu pai; seus rostos estavam virados e não viram a nudez de seu pai. Quando Noé acordou da embriaguez, soube o que fez seu filho mais novo. E disse: "Maldito seja Canaã! Que seja para seus irmãos o escravo dos escravos".

Eis como a Bíblia (Gênesis, 9) conta a chamada maldição de Cam, que, na verdade, pesa não só sobre ele, que cometeu o "erro" de ver o pai bêbado e nu, mas sobre Canaã, seu filho (no Antigo Testamento, acontece várias vezes de os filhos e sua descendência serem punidos pelos erros de seus pais). Foi sobre essa base mais do que vaga que alguns comentadores afirmaram ter se apoiado para legitimar, muito tempo depois, o comércio de escravos negros tanto para o mundo muçulmano como para a América colonial. Para eles, não havia nenhuma dúvida de que Cam era negro e, por isso, todas as populações negras tinham sido condenadas a ser escravos dos outros povos da Terra!

As interpretações desse texto foram tão numerosas e misturadas umas com as outras por quase 2 mil anos, que hoje é quase impossível saber quem realmente deu origem a essa deturpação evidente do texto bíblico. O que é certo, porém, é que ela recebeu destaque a partir do momento em que o tráfico negreiro se desenvolveu, isto é, depois do século VII no mundo muçulmano e depois do século XV na América. No fim do século XV, numa das primeiras bíblias impressas, ainda se podia consultar a árvore genealógica dos descendentes de um Cam branco, na qual apenas um dos muitos personagens era visivelmente negro. Isso prova que a ligação de Cam com a África negra estava longe de ser aceita por todos como um fato evidente.

Antes de servir de desculpa para os interesses dos comerciantes de escravos, o mito foi usado por Israel nos tempos dos hebreus contra o povo de Canaã, que o ameaçava. Desde então, foi recuperado em diversas argumentações racistas e colonialistas, como nos Estados Unidos e, mais recentemente, nos Grandes Lagos africanos e em Ruanda, onde as populações de pastores (os hamitas) às vezes eram tidas como descendentes de Cam.

Os múltiplos usos desse mito sem o menor fundamento mostram que, infelizmente, é sempre fácil arranjar desculpas para tentar justificar o injustificável.

## REPORTAGEM HISTÓRICA
## Os códigos escravagistas

Março de 1685. Um documento "a respeito da polícia das ilhas da América francesa" foi promulgado. Tristemente conhecido como Código Negro, foi aplicado nas possessões coloniais francesas (Antilhas, Mascarenhas, Luisiana e Guiana). A iniciativa foi de Colbert, que tinha encomendado um relatório sobre a situação nas ilhas. Naquele tempo, a monarquia francesa estava consolidando suas possessões nas Antilhas. A produção de açúcar estava crescendo, assim como o tráfico negreiro. A ida de contratados brancos para as ilhas tendia a diminuir, mas a chegada de escravos negros era constante. O resultado dessa situação foi o surgimento de uma sociedade que opunha um número reduzido de colonos a uma população de escravos forte e cada vez maior. Menos marcada nos primeiros anos, criou-se então uma profunda segregação.

Documentos do mesmo tipo que o de março de 1685 foram aplicados em todas as colônias da América anglo-saxônica na época moderna, como em Barbados, em 1661, e na Virgínia, em 1705. Nas possessões espanholas, as *Siete Partidas* (1255-1265), as leis eram inspiradas no direito romano e no cristianismo, foram aplicadas e complementadas por diversas regulamentações. Os escravos também apareciam frequentemente nas leis dos "reinos bárbaros" que sucederam ao Império Romano do Ocidente, entre os séculos V e VIII (em 46% das leis visigóticas e 13% das leis sálicas, por exemplo). Muito antes disso, ao fundar um grande império na Mesopotâmia, Hamurábi, sexto soberano da dinastia amorrita da Babilônia (1793-1750 a.C.), dedicou-se a implantar uma administração relativamente unificada. Foi assim que criou o "código" que ficou conhecido com seu nome. Nele aparecem, entre outras coisas, informações relativas aos escravos de então.

Publicado em sua versão final no ano 534 da nossa era, o Código Justiniano, que recebeu o nome do imperador bizantino (527-565) sob cuja autoridade foi promulgado, também reservou um espaço importante para a escravidão.

Na maioria das vezes, todas essas regras, criadas em diferentes épocas, correspondem a documentos bastante curtos, recuperados, completados, reagrupados e modificados ao longo do tempo – e não a verdadeiros "códigos" de leis, como o Código Civil. Todavia, foi por esse nome que nos habituamos a chamá-los.

O que ocorre é que, desde que exista uma sociedade escravagista, existem também direitos, costumes ou regras a fim de garantir seu funcionamento. Esse quadro formal não visa apenas favorecer a estabilidade e a "reprodução" das sociedades escravagistas. Se o Estado legisla sobre essa matéria é também para manter as rédeas, intervir nas relações entre "senhores" e escravos e não abdicar de suas prerrogativas diante dos senhores. Não foi por acaso que o Código Negro foi escrito durante o reinado de Luís XIV, quando o esforço para hierarquizar todos os poderes abaixo da autoridade suprema do rei estava em seu auge. Foi por essa mesma razão, isto é, assegurar o poder do imperador, que o Código Justiniano, que deixava o escravo sob a autoridade de seu "senhor", também fazia deste um súdito mais controlado que antes pelo soberano.

Os sessenta artigos do Código Negro resultam e denotam um confronto entre duas concepções. A primeira visa restringir os direitos dos colonos sobre os escravos, por razões religiosas e morais, já que um monarca absoluto não podia admitir que alguém pudesse gozar de direitos ilimitados. A segunda sacrifica tudo em nome dos interesses econômicos do tráfico negreiro e das plantações.

Assim, de um lado, o escravo tinha de ser batizado, instruído na religião católica, casado por um padre e enterrado em campo consagrado. Reconhecemos por aí que ele era realmente um homem. E era igualmente como homem que era considerado responsável no campo penal. Ele podia ser acorrentado e açoitado, mas não mutilado, torturado ou morto. Se tivesse mais de dezoito anos, seu "senhor" lhe dava uma ração semanal mínima (reduzida à metade para os escravos mais jovens), composta de 3,4 quilos de farinha de mandioca, 900 gramas de charque ou 1,3 quilos de peixe. Tudo era entregue na forma de alimentos, que não podiam ser substituídos por aguardente ou pelo arrendamento de um pedaço de terra a partir do qual o escravo seria obrigado a prover a sua alimentação. Por último, o Código Negro previa que o escravo podia ser alforriado e assim, teoricamente, ter os mesmos direitos das pessoas que nasciam livres.

Contudo, por outro lado e em contradição com o que dissemos anteriormente, o escravo também era considerado oficialmente um "bem móvel" (artigo 44), isto é, uma coisa. Portanto, ele podia ser comprado, segurado e vendido de forma legal ou então transmitido por herança. Entrando como parte do capital da plantação, ele podia ser leiloado em caso de falência, do mesmo modo que o maquinário e as benfeitorias, mas não podia ser partilhado por vários senhores, como estabelecia o direito romano (também não se podia separar o marido da mulher e dos filhos pequenos). O escravo não possuía patrimônio reconhecido: tudo que tinha pertencia ao seu "senhor". E, como coisa, não podia recorrer à Justiça. Dessa maneira, o Código Negro denotava uma legislação de exclusão específica para as colônias.

Na prática, essas colônias longínquas eram controladas apenas pelos colonos. Gozando de um poder quase arbitrário, por falta de outro que realmente os controlasse, os colonos tinham toda a liberdade para respeitar ou não as normas vigentes. Além disso, estas evoluíram num sentido restritivo, proibindo casamentos entre brancos e negros e endurecendo o processo de alforria. Um escravo podia ser condenado à morte simplesmente por levantar a mão para o seu senhor ou para qualquer outra pessoa de seu convívio. O jarrete dos "marrons" reincidentes (escravos fujões) era cortado. Na terceira tentativa de fuga, eles eram mortos.

Os decretos de 1784 e 1785 tentaram pôr um limite nos abusos, mas o fosso entre a teoria e a prática manteve-se. Aplicado até 1848, o Código Negro foi um dos instrumentos a serviço da inumanidade intrínseca do sistema escravagista. E permanece como um de seus símbolos.

## UM DEBATE ESQUECIDO
### Os domésticos na época da Revolução Francesa

Podemos ser membros incondicionais da comunidade nacional se dependemos de outro, se vivemos sob seu teto, se o servimos, enfim, se somos seus "domésticos"?

Não, bradaram em coro quase todos os revolucionários de 1789 e 1792, que se negaram a conceder aos domésticos o exercício de uma cidadania plena e total. Sim, responderam os revolucionários mais engajados, os montanheses de 1793 liderados por Robespierre, que aboliram a domesticidade porque para estes últimos, a situação dos domésticos era igual à escravidão. No entanto, isso não impediu que se colocassem os domésticos, conforme a visão de mundo da época, no mesmo saco que seus senhores quando promulgaram a lei de proscrição de 19 de março de 1793. Esta ameaçava de morte, sem julgamento, os "antecedentes" padres e nobres, mas também os seus criados, quer tivessem lutado ou não contra a República. Simplesmente porque até os montanheses não conseguiam conceber que os domésticos pudessem não ser julgados pelas opiniões de seus "senhores". Eles negaram a essas pessoas a possibilidade de serem dotadas de personalidade própria.

Vemos por aí que o doméstico não era visto como um homem totalmente livre nos primeiros anos da Revolução Francesa. Por esse motivo, os revolucionários hesitavam em transformá-lo num cidadão igual aos outros, receando que ele "pervertesse" o funcionamento das instituições "democráticas". Aqui, a imagem errada do escravo mais bem tratado porque desempenha tarefas "domésticas", ou "menos escravo" que os outros porque estes ficam fora da casa do "senhor", opõe-se à imagem do doméstico que não é livre porque, como o escravo, depende de um senhor.

Isso lembra um pouco a Atenas do século V a.C., onde o cidadão era definido por sua participação na vida da pólis, um privilégio reservado apenas para os "homens livres".

Capítulo 2

# Nascimento e evolução da escravidão

*Leilão de escravos em Richmond* (1862), de Etienne Carjat. *Le Globe Illustre.*

Vimos que a escravidão nem sempre existiu e que algumas sociedades humanas não tiveram escravos. Em suma, a escravidão não foi universalmente difundida, ao contrário do que diziam alguns escravagistas. Portanto, não deriva de uma espécie de constante antropológica, no sentido de que não está automaticamente ligada à presença do homem.

Por que ela surgiu em alguns lugares e em outros não, neste ou naquele período, mas não em outro? Neste capítulo, tentaremos responder essas perguntas. Para isso, disporemos das noções necessárias para analisar os grandes tipos de sistemas escravagistas da história e, no fim, refletir sobre o estado presente da escravidão: ela desapareceu, está ressurgindo ou mudando de forma?

*Escravos sofrendo castigos domésticos* (1830), de Johan Moritz Rugendas. Fundação Biblioteca Nacional.

# Por que a escravidão surgiu?

A questão das "origens" é sempre a mais difícil de responder, pois é sempre a mais enredada em mitos e lendas. Vimos um primeiro exemplo disso logo no início deste livro, quando falamos da ideia de que os primeiros escravos foram prisioneiros poupados por "nossos ancestrais" canibais.

## A história das formigas amazonas

Vamos prosseguir com outra história, mas desta vez totalmente verídica. Trata-se da história das "formigas amazonas" ou "formigas escravagistas", que muito intrigaram o grande Charles Darwin (1809-1882), o primeiro a desenvolver a teoria da evolução pelo viés da seleção natural das espécies.

As formigas da espécie *Polyergus rufescens* parecem ser totalmente incapazes de sobreviver sem o trabalho de suas escravas, pois não conseguem escavar as galerias subterrâneas do formigueiro nem se alimentar sozinhas. Situação quase comparável a de outra espécie, a *Formica sanguinea*. Dizemos quase porque são um pouco diferentes pela divisão geográfica dessas espécies e pelos comportamentos e graus de dependência em relação a suas escravas.

Profundamente antiescravagista (embora achasse que seu país, a Inglaterra, não devesse apoiar o Norte contra o Sul escravagista na Guerra de Secessão, nos Estados Unidos), Darwin pensou longamente como poderia explicar o que tinha constatado entre as formigas. Com a ajuda de vários colegas naturalistas, conseguiu afinal desvendar em parte o enigma e mostrar que não havia nada de "natural" no comportamento das formigas.

O raciocínio é o seguinte. Tendo provavelmente esquecido num canto as ninfas que tinham tomado de formigas inimigas, as "formigas amazonas" constataram que, quando cresciam no novo formigueiro, as outras formigas trabalhavam e defendiam-no como se fosse delas, aparentemente sem nenhuma "lembrança" da vida que tinham tido antes. Portanto, não havia necessidade de apelar para um condicionamento qualquer para explicar a docilidade dessas formigas. Elas simplesmente tinham a "impressão" de estar no formigueiro delas. Esse "acaso" inicial também teria mostrado às "amazonas" a vantagem de usar as ninfas de outras formigas. Isso facilitou sua evolução e o robustecimento de suas mandíbulas, que se tornaram mais pontiagudas, a ponto de serem inadequadas para praticamente tudo; mas proporcionam uma vantagem considerável na guerra, porque permitem perfurar o cérebro dos inimigos.

A escravidão entre as formigas viria assim de comportamentos adquiridos e transmitidos por conta do processo evolutivo. Darwin ficou satisfeito, porque, como considerava a escravidão uma monstruosidade, não podia admitir que tal fenômeno fosse "natural" nem entre os animais.

## A teoria evolucionista

Depois disso, vários cientistas tentaram explicar a escravidão entre os homens a partir da teoria da evolução das espécies. Num livro de 1897, intitulado *L'evolution de l'esclavage dans les diverses races humaines* [A evolução da escravidão nas diversas raças humanas], Charles Letourneau afirmou que a escravidão não tinha sido nem original nem universal; que era desconhecida nas primeiras sociedades humanas, em que as tarefas sociais a serem cumpridas eram relativamente poucas e a mulher – uma espécie de escrava da família – podia dar conta delas. Quando as sociedades humanas se tornaram mais complexas e surgiram as tribos, os homens começaram a utilizar outros homens como escravos, enquanto antes os cativos eram vistos como reserva de carne para sacrifícios rituais ou períodos de escassez.

Letourneau ia assim na mesma direção de Darwin. De fato, em *A descendência do homem*\*, de 1871, este último considerava que a escravidão era consequência de um resquício de animalidade no homem bárbaro e de um resquício de barbaridade no homem civilizado. Segundo ele, por não ser "natural", a escravidão sinalizava uma espécie de "reciclagem" da nossa animalidade nos costumes das sociedades "bárbaras". Consequentemente, quanto maior fosse o grau de "civilização" no homem, mais tênue e "branda" seria a escravidão (passando pela servidão), até finalmente desaparecer; mas não sem antes evoluir ou ser substituída por outras formas de exploração do homem, como o sistema de salários. Contemporâneo do surgimento do capitalismo "selvagem", provocado pela industrialização da Europa, e influenciado por Marx, Letourneau criticou violentamente os desvios do sistema de salários, não hesitando em chamar a exploração dos operários estrangeiros de uma nova forma de tráfico e de escravidão.

Essa ideia de relação entre a evolução da escravidão e a da "civilização" já se encontrava no Iluminismo, bem antes de Darwin e de seus sucessores. Acreditando que o homem é um ser racional, os filósofos do século XVIII só podiam acreditar num progresso indefinido; portanto, na condenação da escravidão no longo prazo. Durante a Restauração, parlamentares conservadores, como Pierre de Gères de Camarsac, preferiram usar a ideia de evolução em prol do cristianismo. Em 1827, ele proclamou: "O que não conseguiram fazer nem a civilização nem os esforços gloriosos de nossos ances-

---

\* Ed. bras.: Charles Darwin, *A descendência do homem e a seleção sexual* (trad. Zoran Ninitch, Rio de Janeiro, Marisa, 1993). (N. E.)

trais uma religião de paz e de união realizaria pela força irresistível da persuasão": à "medida que se espalhou pela Terra, a barbárie e a escravidão recuaram diante dela".

Vemos assim que cientistas, filósofos e defensores do cristianismo, sem dúvida por motivos diferentes, se apropriaram da ideia de evolução para vinculá-la à história da escravidão. Marx e Engels também entraram na dança. Os marxistas diziam que a escravidão era um estágio da evolução humana. A teoria evolucionista foi tão utilizada que ainda hoje se imaginam relações quase automáticas entre a história dos "progressos" humanos e a história do fim gradual da escravidão.

Recentemente, um ensaísta sugeriu que deveríamos buscar a origem da escravidão na exploração da mulher. Não tanto a exploração sexual que a indústria da prostituição poderia sugerir hoje, mas a exploração do trabalho doméstico e agrícola e, sobretudo, a exploração da capacidade de reprodução da "fêmea", que permite a um grupo ter supremacia sobre outro na medida em que aumenta sua população.

De sua parte, o historiador David Brion Davis acha que a domesticação de certos animais pelo homem pode ter lhe dado a ideia de se valer do serviço de escravos. Isso remete as origens da escravidão ao período neolítico. Um filósofo, ao contrário, sublinha o fato de que a escravidão seria uma invenção "oriental", porque nasceu nos países do Crescente fértil, isto é, nas regiões da Mesopotâmia situadas entre os rios Tigre e Eufrates. Ali foi inventada a escrita e surgiram os primeiros Estados mais ou menos centralizados. Tudo isso ocorreu cerca de 3 mil anos antes da nossa era, no momento em que a pré-história acabava e a história começava.

## A escravidão é resultante de vários fatores

Na verdade, as coisas não são tão simples. Hoje sabemos que existia escravidão entre os povos que foram chamados de "bons" e de "selvagens" no século XVIII, porque acreditava-se que viviam num suposto estado de "natureza" preservado dos artifícios próprios da vida social: povos que não conheciam nem a escrita nem as formas centralizadas de Estado. Portanto, a escravidão não "nasceu" necessariamente com o nosso tipo de sociedade. Além disso, ninguém desconhece o fato de que nações altamente "civilizadas", às vezes ainda tidas como "modelos" para nós, praticaram a escravidão tranquilamente, como os gregos e os romanos. Também não podemos esquecer que a escravidão não desapareceu totalmente e até parece estar novamente crescendo aqui ou ali. Tudo isso mostra, claramente, que a história da escravidão não pode ser explicada por uma visão simplista de um progresso contínuo da civilização, que supostamente induz a erradicação proporcional da exploração do homem pelo homem!

Por outro lado, a escravidão parece ter uma relação bastante clara com a existência de sociedades relativamente complexas. Ela aparece quando as tarefas começam a ser cada vez mais diferenciadas e torna-se possível acumular excedentes, como nas sociedades ditas "de celeiro" da África ocidental. Quando se fala em excedentes, em especial agrícolas, fala-se na verdade em necessidade de armazenamento. Isso significa também, e sobretudo, que alguns podem tentar se apropriar deles. Por conseguinte, as desigualdades internas (entre membros de uma mesma sociedade) e externas (entre membros de sociedades diferentes) podem aumentar. Somam-se a essas mutações econômicas e sociais outras mais "políticas", pois na escravidão por dívida, que aparece como muito antiga, a influência econômica é transformada em *poder* sobre outra pessoa.

Com certeza, a maneira como uma sociedade se estrutura e se pensa também têm seu papel. Quando as sociedades são muito hierarquizadas e as hierarquias são sólidas, não existem ou existem poucos escravos, ao menos "internos", como na Índia tradicional das castas. Nas sociedades em que, ao contrário, a mobilidade social é aceita e efetiva, como nas sociedades modernas, a escravidão também tem muito pouco espaço. É como se a escravidão remetesse a uma espécie de meio termo, isto é, a sociedades hierarquizadas, em que existe certa mobilidade, porém moderada.

Tudo isso levou um certo número de sociólogos e antropólogos a pensar que a escravidão surgia no momento em que sociedades relativamente tradicionais se abriam e sofriam grandes mudanças. Nessas sociedades em mutação, a escravidão era um meio de regular as tensões induzidas pela mudança, desviando suas consequências para um "estranho" (que, como vimos, é sempre produto de uma escolha): o escravo. Assim, a comunidade dos "senhores" podia mudar sem prejudicar sua coesão.

Então, o surgimento da escravidão estaria ligado não a um tipo de fator (a mudança da família para a tribo, como dizia Letourneau, ou a luta de classes, como dizia Marx, ou a invenção da escrita), mas a uma combinação de fatores. Não a um "estágio" preciso da evolução, mas à existência de certas condições prévias (econômicas, sociais, políticas, culturais...) e a processos de mudanças variados.

Segundo Alain Testart, a escravidão nasceu assim *antes* do Estado, para cujo surgimento contribuiu. Ele desenvolve essa hipótese fascinante e muito bem fundamentada num belo livro dedicado aos "mortos acompanhantes" [*morts d'accompagnement*], isto é, às pessoas que, por suicídio ou execução, eram enterradas ao lado dos despojos de uma figura mais poderosa que elas. Essa hierarquia fica muita clara nas tumbas pela disposição dos mortos acompanhantes (aos pés da figura principal ou em círculo em volta dela), pela postura corporal (o defunto principal sentado e os outros deitados ou com as mãos na frente do rosto, sinal característico de pessoas enterradas vivas) e pela diferença de ornamentos, bens ou móveis enterrados.

Alain Testart mostra que nada disso tinha a ver com sacrifícios ou crenças religiosas precisas, mas sim com a existência de laços de dependência muito fortes em benefício dos indivíduos poderosos. Tão poderosos que arrastavam com eles alguns de seus servos ou fiéis, às vezes para o túmulo, mas às vezes também para a fogueira. Nem todos eram escravos, mas uma parte sim, sem dúvida. O autor acredita que se tratava sobretudo de escravos "internos" (escravidão penal ou por dívida).

Não é possível comprovar a presença da prática dos mortos acompanhantes no paleolítico. Mas ela se espalhou de maneira muito clara a partir do neolítico, antes mesmo do surgimento das "grandes civilizações" na China, na Mesopotâmia e no Egito, que a adotaram apenas em seus primórdios e depois a condenaram. O mapa a seguir permite mostrar como a prática foi geograficamente difundida, em especial na Eurásia temperada (da Europa oriental à China), com prolongamentos nas Coreias, no Japão e na Sibéria, mas também em toda a África negra (com exceção de regiões e períodos muçulmanos e cristãos).

Os dados relativos à Europa ocidental ainda deixam dúvidas quanto aos períodos antigos. No entanto, em *A guerra das Gálias* (VI, 19), Júlio César escreve que, entre os gauleses, os enterros "são magníficos e suntuosos; tudo o que se acredita que o defunto quis bem em vida é levado à fogueira, até os animais; ainda há pouco tempo, quando a cerimônia era completa, queimavam com ele os escravos e os clientes por quem tinha estima". Para os índios da costa noroeste da América (do sul do Alasca ao norte da Califórnia), onde essas práticas só cessaram nos anos 1860–1870, temos depoimentos diretos, colhidos de testemunhas oculares, que falam de escravos presos vivos nos túmulos que fugiram e acabaram recolhidos por europeus.

## Como a escravidão se perpetuou?

### A escravidão fortalece as elites, a quem interessa mantê-la

Uma vez instaurada, a escravidão favorece o fortalecimento das elites estabelecidas, bem como sua renovação ou "reprodução", como dizem os pesquisadores. Fortalecimento das elites guerreiras e mercantis na África negra pré-colonial, fortalecimento da

Acompanhamento funerário dos escravos (séculos XVI – XIX)

- ● Dados comprovados
- ▲ Dados insuficientes

Fonte: Alain Testart, *La servitude volontaire: les morts d'accompagnement* (Paris, Errance, 2004, v. 1).

elite de fazendeiros nas sociedades escravagistas da América colonial moderna e, como veremos mais adiante, fortalecimento da democracia ateniense. Nesse nível de análise, podemos achar que a escravidão contribuiu para "fixar" as sociedades em que se desenvolveu, quer nos pareçam "progressistas", como a Atenas do século V a.C., quer nos pareçam "conservadoras", como o mundo dos fazendeiros americanos.

Às vezes se faz distinção entre sociedades "com escravos" (sociedade em que se pode notar a presença de escravos) e sociedades "escravagistas" (em que os escravos têm um papel importante). O problema é que os pesquisadores nem concordam entre si nem são realmente precisos quanto à questão do limiar que conduz de uma para outra.

Para alguns, esse limiar seria quantitativo. Assim, uma sociedade é escravagista quando tem escravos em grande número. Mas em que proporção ou porcentagem? Não se sabe ao certo. Para outros, uma sociedade passa para o estágio de sociedade escravagista quando a escravidão tem um papel econômico "importante", "predominante" ou "preponderante", mas sem precisar realmente o que entendem por esses diferentes termos.

Assim, parece-me que temos de recorrer a outros fatores (além da quantidade e da economia), se desejamos manter a distinção entre esses dois tipos de sociedade. Refiro-me, em especial, às dimensões cultural e política, porque, numa sociedade escravagista, como a do Velho Sul dos Estados Unidos de antes de 1865, a escravidão não era somente um fato social ou um meio de produção, era também uma forma de conceber o mundo e uma maneira de pensar.

## Em todo o mundo, formas de regulação

Dito isso, há sempre uma mobilidade interna, seja numa sociedade com escravos, seja numa sociedade escravagista. Sobretudo por intermédio da alforria, isto é, a possibilidade de um "senhor" tornar seu escravo um homem livre. Essa possibilidade existia em todo o mundo, mas era sempre limitada e compensada, de maneira a não pôr em risco os sistemas que se apoiavam na escravidão.

Na Roma republicana, a alforria e a naturalização foram relativamente importantes. Desempenharam inclusive um papel compensador num contexto em que a proporção de homens livres na população adulta estava em queda. Entretanto, isso não teve consequências políticas tão grandes quanto na Grécia antiga, porque os alforriados não se tornavam automaticamente cidadãos. Devemos acrescentar que o *status* de homem livre era concedido, sobretudo, aos escravos que atuavam em meio urbano, como artesãos e comerciantes; e, em seguida, vinha a categoria dos *familiae urbanae*, isto é, dos domésticos. Os escravos rurais, que formavam a imensa maioria dos escravos, eram muito menos alforriados. Podemos concluir que essas alforrias, úteis para Roma, atingiam sobretudo as categorias de escravos mais facilmente assimiláveis, por conta da integração econômica e social já iniciada.

Encontramos esse equilíbrio entre fatores "liberais" e "limitadores" também na América colonial moderna. Nela, as alforrias parecem ter sido mais numerosas nas possessões espanholas, mas elas eram seguidas de um período de dependência relativamente longo. No Velho Sul do século XIX, ao contrário, os alforriados gozavam de uma autonomia relativa e imediata em relação aos seus antigos senhores, mas as alforrias não eram numerosas e, em geral, os alforriados permaneciam pobres e marginalizados.

Na América colonial e mais ainda no mundo greco-romano antigo, as mulheres parecem ter sido alforriadas com mais frequência do que os homens. Com certeza não era por acaso, se considerarmos que, em seguida, elas continuavam em geral mais dependentes que os homens. Em suma, a alforria das mulheres era menos perigosa para o sistema escravagista que a dos homens.

No geral, a mobilidade interna na sociedade escravagista por meio da alforria nunca a ameaçou. Ao contrário, ela aparece como uma forma de regular a sociedade e garantir sua continuidade. Assim, vemos que a escravidão não é somente uma forma de exploração. Ela é a uma forma de controle social.

## A escravidão na Antiguidade era grande?

Como nossos conhecimentos sobre a pré-história não nos permite saber muito (afora a questão debatida dos mortos acompanhantes, da qual tratamos antes), começamos nosso périplo histórico pela Antiguidade (entre cerca de 3000 a.C e 476 d.C.).

### A escravidão entre os povos antigos

Foi no extremo fim do quarto milênio antes da nossa era que surgiram as primeiras cidades-Estado do Crescente Fértil, como Uruk, que nos deixou um curioso selo em forma de cilindro. Nele podemos ver homens nus com as mãos amarradas, rastejando aos pés de uma espécie de rei-sacerdote. Eram escravos ou simples prisioneiros? É difícil saber. Datado de 3200 a.C., e hoje em exposição no Museu Britânico, esse documento tem parentesco com a civilização suméria, que assistiu à sucessão de diferentes períodos (guerras, unificações...) ao longo de muitos séculos.

Sabemos que havia escravidão em Uruk. Uma tábua de argila do Museu do Louvre (datada de cerca de 2600 a.C.) conserva o registro da venda de uma casa, acompanhada da venda de um escravo. Cerca de mil anos depois, foi decretado o famoso Código de Hamurábi, do qual já falamos. Os escravos, que coexistiam com dependentes e assalariados livres, eram comprados e vendidos como mercadorias; podiam ser açoitados e marcados a ferro, mas às vezes também podiam fazer comércio, emprestar dinheiro e comprar a própria liberdade.

Antes das descobertas de Champollion (1790–1832), que permitiram a compreensão do significado dos hieróglifos e os trabalhos que se seguiram, imaginava-se que as grandes pirâmides do Egito faraônico tinham sido construídas por exércitos de escravos. Hoje, em razão da presença de mortos acompanhantes nas tumbas dos soberanos da primeira dinastia, acredita-se que tenha existido escravidão no Egito entre 4000 e 3000 a.C., quando o Estado faraônico foi criado. Todavia, tudo leva a crer que em seguida a escravidão teve um papel menor na economia e na sociedade egípcias.

As grandes obras faraônicas foram executadas por massas de camponeses dependentes, submetidos à corveia\*, bem como por operários assalariados – os quais, especula-se, até fizeram greve! Na verdade, um princípio de vida e de justiça (*maât*) impedia que se empregasse de forma ilimitada o trabalho de outro homem. De sua parte, o faraó, que tinha um poder absoluto, não podia admitir que simples homens pudessem ser donos de outros, restringindo assim sua própria onipotência.

Contudo, as guerras, em especial a partir do Novo Império (cerca de 1552 a 1070 a.C.), resultaram na vinda de prisioneiros, sobretudo negros originários de Núbia e Darfur, no atual Sudão, e da Somália. Transformados em escravos, pertenciam ao faraó, aos poderosos e aos templos, e podiam ser vendidos, comprados e alugados, tornando-se assim objeto de um comércio entre pessoas físicas. Estavam por quase toda parte, no Exército ou dentro das casas.

Contudo, parece que foram pouco numerosos. Depois de algum tempo, uma parte desses escravos acabava inserida no vasto universo de "dependentes", no qual a escravidão egípcia parece ter mais ou menos se diluído. De fato, segundo um papiro fiscal do reinado de Ramsés V ("papiro Wilbour"), os hemus, outrora classificados como escravos, pagavam impostos. Isso mostra que estavam integrados em parte na sociedade.

Os escravos também estavam presentes entre os hebreus e, portanto, na Bíblia. Havia uma distinção entre escravos estrangeiros e escravos hebreus. Os primeiros podiam ser capturados nas guerras

---

\* Trabalho gratuito que os camponeses e os plebeus em geral eram obrigados a prestar aos senhores. (N. T.)

ou de várias outras maneiras. Os hebreus não podiam ser capturados por outros hebreus. Para estes, a servidão aparecia ora como um ato voluntário (quando uma pessoa se vendia por motivo de dívida ou escassez ou um pai vendia a filha para servir como concubina), ora como uma sanção. Os malfeitores eram vendidos se não conseguissem reparar os danos que causaram.

Outra distinção entre escravos "internos" e "externos": estes podiam permanecer como escravos pelo resto da vida, enquanto aqueles, teoricamente, tinham de ser libertados ao fim de sete anos, para lembrar o fato de que os hebreus tinham sido "escravizados" pelo faraó. Todavia, há indícios de que alguns podiam escolher (?) continuar escravos. A orelha deles era então perfurada, sinal de que a partir dali não podiam mais retornar à liberdade. Além disso, se uma mulher era oferecida a um escravo por seu senhor, ela e os filhos continuavam sendo propriedade deste após a alforria daquele. Qualquer que fosse sua origem, os escravos faziam parte do patrimônio de seu senhor: podiam ser doados, legados e destinados a trabalhos diversos. Textos indicam que havia limites para os maus-tratos e punição para o senhor que provocasse a morte de seu escravo, mas é difícil saber se eram sempre respeitados.

Podemos até duvidar disso, pelo menos no que diz respeito às épocas posteriores, rabínica e romana, como indica o Talmude (coletânea de comentários dos judeus a respeito da lei de Moisés ou da Torá). Ele diz também que a libertação dos escravos hebreus ao fim de sete anos nem sempre era respeitada, e que a posse de escravos devia ser oficializada de alguma maneira, por contrato ou troca de dinheiro, mas que a simples utilização de um escravo durante três anos bastava para legitimar sua posse. Portanto, a escravidão de fato passava por cima tanto das normas estabelecidas quanto da religião. A circuncisão e a imersão dos escravos não judeus não significava sua libertação, nem sua conversão, mesmo que fosse espontânea.

Uma incursão por outros povos do Oriente Médio antigo, como os fenícios, confirmaria a presença de escravos. Esta é atestada igualmente em diversas regiões da Ásia, na mesma época: na civilização indiana em 3000 a.C. (em especial no vale do Indo, atual Paquistão), sem dúvida na China arcaica (de 2000 a cerca de 220 a.C.), nas regiões do Sião, do Camboja e do Japão.

## Escravidão e democracia nas pólis gregas

A civilização cretense ainda é pouco conhecida. Esse é o caso também do mundo micênico (séculos XV a XIII a.C.). Todavia, a presença de escravos é atestada em ambos. A sociedade retratada por Homero (século IX a.C.) na *Ilíada* e na *Odisseia* corresponde à primeira fase do período dito arcaico (séculos X a VIII a.C.). Ele nos mostra a figura de muitos escravos que depois foram comercializados: mulheres tiradas à força de suas comunidades de origem; homens capturados nas guerras ou por piratas, como Eumeu, filho do rei de Siros, raptado por comerciantes fenícios. Mesmo quando eram utilizados como "domésticos", esses escravos provinham originalmente de comunidades diferentes daquela de seus senhores. Eles eram "estranhos".

Nas diferentes fases de povoamento da Grécia pelos dórios (povos vindos do Norte), algumas comunidades "indígenas" foram reduzidas totalmente ao estado de dependência. Algumas permaneceram na região durante séculos, como os famosos hilotas, que a altiva cidade guerreira de Esparta manteve debaixo de terror. Alguns gregos antigos os assimilavam a escravos. A comparação com os servos da Idade Média é um tanto anacrônica, mas se acredita, em geral, que eles eram dependentes. Eram originários do território em que viviam e pertenciam a uma comunidade. Era nessa qualidade, e não como indivíduos, que eram submetidos.

Entre os séculos VIII e VI a.C. a escravidão começou a tomar formas originais no mundo grego, num momento em que ele entrava no período de sua história que ficou conhecido como clássico (séculos VI a IV a.C.). Não devemos ver isso como um processo evolutivo, com uma série de etapas distintas, mas como consequência do surgimento de condições que facilitaram o desenvolvimento da escravidão: a "fome de terra" decorrente de seu monopólio pelos mais ricos, o avanço do comércio e a transformação do "povo" (em grego, *démos*) em comunidade cívica em algumas pólis.

Vejamos um exemplo famoso: Atenas, a grande rival de Esparta, onde a escravidão por dívida parece ter sido bastante disseminada, pelo menos até o legislador Sólon (640–558 a.C.). Criador de novas regras conhecidas como "alijamento de fardo" (cerca de 594–593 a.C.), ele pôs fim ao direito de mandar prender por motivo de dívida, do qual os eupátridas, grandes proprietários fundiários da aristocracia, se beneficiavam. Além de proteger os pequenos e médios proprietários de terras, ele também se preocupou com o comércio e mandou cunhar uma moeda de prata. Também legitimou as expedições estrangeiras "pelo butim", em particular a captura de escravos. Mas, sobretudo, permitiu que todos os cidadãos, mesmo os mais pobres, participassem da vida política da pólis.

Essas grandes reformas deram origem à democracia ateniense. Elas permitiram restringir as tensões internas, que aumentaram depois que a nobreza monopolizou as terras; levar em conta as reivindicações dos comerciantes e dos artesãos; unir os cidadãos e reforçar o poderio militar de Atenas. De fato, já que todos os cidadãos podiam participar da vida política, todos tinham de servir à pólis em tempos de guerra. A infantaria dos famosos hoplitas, composta por cidadãos menos abastados que os cavaleiros nobres, constituíram, ao lado dos marinheiros, a força de Atenas.

Mais ou menos no momento em que "inventou" a democracia, Atenas começou a receber cada vez mais escravos do exterior. Prisioneiros de guerra, comprados de mercadores ou diretamente raptados, os escravos logo se tornaram presentes por toda parte, nas cidades e no campo. O paradoxo pode surpreender: a cidade tornou-se cada vez mais escravagista à medida que se democratizou. No entanto, um grande historiador do mundo grego, Moses Finley, mostrou que não havia paradoxo nenhum. Foi em parte porque a escravidão "interna" foi abolida que a escravidão externa se desenvolveu de forma tão intensa. Ela permitiu que os cidadãos se desincumbissem de certas ocupações e se dedicassem mais aos assuntos da pólis. Em suma, escravidão e democracia caminharam juntas em Atenas.

A cidadania era reservada para um número pequeno de pessoas: homens livres de, no mínimo, vinte anos. Os outros (homens jovens e mulheres) eram cidadãos de segunda categoria, bem como estrangeiros que tinham recebido permissão para se instalar na pólis e escravos, mais numerosos que todos os outros. Os ricos não eram os únicos que tinham escravos. A camada média, que garantia a base da democracia, também dispunha deles. Objeto de comércio, o escravo era o oposto do cidadão livre.

Os escravos não eram os únicos produtores nem os mais numerosos, mas estavam presentes em todos os setores da economia, oferecendo assim uma grande flexibilidade de utilização: desde domésticos até homens alugados para a exploração de minas de prata no monte Lauro, onde eram tratados como animais. Eram talvez 35 mil por volta de 340 a.C., mas os historiadores dividem-se quanto ao número total de escravos em Atenas. Alguns falam em 150 mil, outros em 400 mil, números aventados também para Corinto e Egina. A única certeza é que, durante muito tempo, provavelmente se subestimou o número de escravos nas cidades gregas.

Em Atenas, alguns escravos – excepcionalmente – tornaram-se grandes banqueiros. Foi o caso do célebre Pasion. Escravo de dois banqueiros, alforriado e herdeiro do banco de seus antigos "senhores", conseguiu fazê-lo prosperar o suficiente para poder ajudar financeiramente a pólis após uma longa guerra contra Esparta. Desse modo, obteve a cidadania ateniense para si e para os filhos. Filhos a quem legou seus bens, mas entregou a administração do banco a Formion, um antigo escravo que Pasion tinha alforriado e a quem deu a mão de sua esposa. Dizem também que Esopo, o famoso fabulista (cuja existência às vezes é contestada), foi escravo. Verdadeira força da natureza, mas cheio de deformidades físicas, foi descrito como alguém de rara "beleza interior" e dotado pelos deuses "da faculdade de imaginar e compor fábulas".

Embora a guerra fornecesse um grande número de escravos, a escravidão fortaleceu-se sobretudo com a expansão do tráfico, isto é, com o comércio de homens. Esse comércio permitia um abastecimento mais regular. A ilha de Delos abrigava um imenso mercado de escravos. Estrabão (aproximadamente 58 a.C.–20/25 d.C.) diz que quase 10 mil escravos podiam ser vendidos ali num único dia. Trabalhos recentes tendem a limitar sua importância, mas mercados, tanto pequenos como grandes, existiram em muitos lugares.

O escravo era considerado um bem particular, às vezes descrito como um "ser com pés humanos" (*andrapodon*), ao mesmo tempo distinto e semelhante aos animais. Para os antigos, em especial para os gregos, a fronteira entre o animal e o homem não era tão claramente marcada como é para nós, porque acreditavam que todos os seres vivos, das plantas aos homens, se uniam numa mesma corrente. Nas famosas *Metamorfoses*, do escritor latino Apuleio (125–180 d.C.), um moço rico e bonito vê-se de repente transformado em asno e levado para o mercado, onde é comprado para servir como escravo.

Em Atenas, o escravo era definido por uma série de privações e proibições: não podia ter outro nome além daquele dado por seu "senhor", não podia casar e não possuía personalidade jurídica. Contudo, podia assistir a certas práticas culturais. A alforria existia em toda a Grécia, inclusive na ilha de Quios, conhecida por ter acolhido os primeiros escravos adquiridos no exterior em troca de dinheiro. Mas parece que, com o tempo, as alforrias feitas sob certas condições aumentaram, assim como o preço pago por alforrias sem condições. Portanto, a prática nesse campo tendia a ser bastante restritiva.

Por todas essas razões, alguns historiadores não hesitam em incluir Atenas (a partir do século V a.C.) entre as sociedades escravagistas.

## Escravidão e cidadania no Império Romano

O que dissemos anteriormente nos permitirá tratar mais rapidamente da escravidão em Roma, enfatizando seus aspectos mais específicos em comparação com o mundo grego. Distinguirei quatro.

O primeiro é que mudamos de escala: trocamos o mundo das pólis por um império que se estendeu de uma ponta a outra do Mediterrâneo. Os últimos séculos da República, e sobretudo o Império, com suas guerras constantes, viram Roma submeter populações inteiras à escravidão. No apogeu do Império, a Itália sozinha abrigava entre 2 e 3 milhões de escravos, ou seja, de 35% a 40% da sua população total. Alcançou um número e uma concentração de escravos nunca vistos até então. Sem contar a enorme diversidade de origens desses escravos, já que vinham de praticamente todas as regiões do mundo conhecido na época.

O segundo aspecto é que Roma deu continuidade a certas formas de utilização do escravo iniciadas no mundo grego: escravos e alforriados na administração pública ou ainda escravos "capazes" ou "de talento", isto é, com condições de administrar as atividades ou os bens de seus senhores. Roma também inovou quando utilizou escravos nos jogos do circo ou os concentrou na Itália para trabalhar em enormes explorações agrícolas, as *latifundia*. Tanto que, com a concorrência do trabalho escravo, a categoria dos camponeses livres na Itália diminuiu rapidamente; eles foram obrigados a se mudar para as cidades ou entrar para o Exército.

O terceiro aspecto é que os romanos fizeram mais uso da alforria que os gregos. No entanto, é preciso observar que o acesso à *civitas romana*, isto é, à cidadania romana, dava direito a poucos poderes políticos, enquanto no mundo grego significava participação nos poderes deliberativos e diversas vantagens econômicas. Portanto, os romanos alforriavam mais seus escravos do que os gregos não necessariamente por serem mais abertos ou tolerantes que estes, mas porque o Império, por ser imenso, não podia se sustentar sem a ajuda dos não italianos, e a alforria, tendo consequências políticas e econômicas limitadas, não ameaçava a manutenção do sistema escravagista.

O quarto e último elemento de comparação é que, em Roma, a opinião pública parece ter evoluído com o tempo. Mas atenção: nunca ocorreu a um romano que algum dia a escravidão pudesse ser abolida. Também não podemos dizer que houve um "alívio" na sina dos escravos, pois eles ainda eram mais ou menos bem tratados dependendo do "senhor", do lugar, da função que exerciam etc.

Contudo, a crueldade sem motivo parece ter se tornado cada vez menos aceita pela opinião pública. Um exemplo muito citado é o assassinato do prefeito de Roma por um de seus quatrocentos escravos. Foi na época de Nero (54–68 d.C.). Os senadores decidiram aplicar uma lei antiga, já arcaica, que estipulava que em tais casos todos os escravos do "senhor" assassinado deveriam ser condenados à morte. A multidão protestou e foi preciso chamar as tropas para proceder à execução.

Durante muito tempo se quis explicar essa aparente evolução dos costumes pelo avanço do cristianismo. Hoje, insiste-se bem menos nessa ideia, porque, como sempre, vários fatores agiram em conjunto.

A diminuição das conquistas limitou a chegada de novos escravos. Esse fato foi compensado em parte pela admissão (regulamentada) da servidão voluntária e por uma política mais favorável ao nascimento de escravos. Desse modo, aumentou na população servil o número de pessoas menos "estranhas" que as outras. Podemos imaginar que isso tenha influenciado a opinião pública; uma "opinião", aliás, em parte composta por antigos libertos.

Também é importante saber que os imperadores tentaram se intrometer nas relações entre senhores e escravos a fim de reforçar sua autoridade. Augusto, o primeiro dos imperadores, limitou o direito de vida e morte dos "senhores" sobre seus escravos. E os pensadores estoicos afirmaram a unidade do gênero humano; sem criticar a instituição escravagista, eles pregaram o "bom uso" do escravo.

## Houve um declínio da escravidão na época medieval?

Durante muito tempo, acreditou-se que a escravidão tinha diminuído lentamente no fim do Império Romano; como se, expirando aos poucos, de "morte natural", o sistema escravagista tivesse desaparecido quase "naturalmente", para depois ser "substituído" pela servidão da Idade Média.

Hoje, sabemos que a escravidão antiga não desapareceu de todo, que se transformou e até cresceu em boa parte da Idade Média. Sabemos também que não podemos dizer que a escravidão foi "substituída" pela servidão. De um lado, porque os servos da Idade Média não eram escravos. De outro, porque houve um enorme lapso entre o fim do Império Romano do Ocidente (476 d.C.) e o verdadeiro aparecimento da servidão (século XI). Aliás, com exceção da Inglaterra, a servidão começou a perder importância a partir do século XIII. Na Europa ocidental, por pouco não sucumbiu às crises do fim da Idade Média (fome, guerras, epidemias). Sua história é muito mais curta, portanto, do que a da escravidão. Vejamos tudo isso mais de perto.

### A questão do "fim" da escravidão antiga

Na época em que se falava do "fim" ou do "declínio" da escravidão antiga, imaginava-se que esse fenômeno podia ser explicado pelo cristianismo e pela humanização a que teria conduzido. Sabemos que o cristianismo se tornou religião oficial (mas não exclusiva) do Império Romano em 313, com Constantino. Mas não podemos esquecer que, apesar de são Paulo pedir aos escravos que obedecessem a seus "senhores" e a estes que tratassem bem seus escravos, Santo Agostinho agiu no sentido contrário. De fato, no século IV, ele deu origem a uma doutrina que teve um belo destino. Ela transformou a escravidão em punição dos pecados dos homens e desse modo permitiu que fosse justificada. A Igreja era também uma grande proprietária de escravos. Embora estimulasse a alforria entre os leigos, vetava tal prática a si mesma.

Hoje, para tentar explicar o recuo (mas não o "fim") da escravidão, a maioria dos autores ressalta a diversidade das mudanças tanto no tempo como no espaço. Eles alegam uma série de fatores.

Num primeiro momento, ao mesmo tempo em que legitimava a escravidão, a Igreja tendeu a combater a servidão por captura de "verdadeiros" cristãos, isto é, não ortodoxos. Depois, por volta do ano 1000, o progresso técnico (energia hidráulica produzida por moinhos, energia animal obtida a partir de novos métodos de atrelagem) tornou o recurso à escravidão menos necessário. Houve também um início de crescimento econômico (patente no decurso dos séculos XI e XIII) com o cultivo dos campos. A mão de obra tornou-se mais instável e procurada. Para granjeá-la, foi preciso conceder certas vantagens. Enfim, com o desaparecimento tanto do Império como do Estado em prol de pequenas senhorias, tornou-se mais difícil controlar massas de escravos. Além disso, estes últimos aproveitavam os tumultos políticos para se revoltar ou fugir.

Tudo isso mostra que não houve nada de "natural" no presumido desaparecimento da escravidão antiga. Hoje, a própria ideia de um lento "declínio" está ultrapassada. Na verdade, o Império Romano tardio não é mais visto como "declinante", mas como um período de profundas mutações sociais, econômicas e políticas. Isso levou ao desenvolvimento de relações de "dependência" (com o surgimento do "colonato", que prendia o camponês à terra), que em alguns casos substituíram a escravidão. Transformações e evoluções também condizem com o que sabemos a respeito da história da escravidão medieval.

As faces da escravidão medieval

Nessa época, três grandes grupos políticos organizaram-se em torno do Mediterrâneo. No oeste, o Império Romano foi substituído pelos reinos bárbaros, que deram origem aos "países latinos" e à Europa cristã. No leste e no sul, o Império Bizantino, cristão, porém ortodoxo, deu continuidade ao Império Romano do Oriente. Ao sul, estendia-se o vasto mundo muçulmano. Em cada um desses três grupos, a escravidão ganhou feições diferentes.

No oeste, em vez de regredir, a escravidão primeiro tomou um novo impulso com os reinos bárbaros, que eram intrinsecamente escravagistas. Tanto que, segundo o historiador medievalista Pierre Bonnassie, os séculos VI e VII talvez tenham sido o ápice da escravidão na Europa. As leis escritas então misturavam os escravos ao gado, determinavam o "preço do homem" (*wergeld*) e proibiam a união entre escravos e homens livres. Somavam-se aos escravos rurais, de longe os mais numerosos, os escravos especializados: guardas, monteiros, porqueiros, moleiros, ourives, ferreiros, domésticos, criados dos palácios reais...

Eram homens que tinham nascido escravos, mas eram também novos escravizados. Onipresente, a guerra era amplamente concebida como uma estratégia de saques e de caça ao homem. Acrescentavam-se a isso as sentenças judiciais, a fome, os raptos e a venda de crianças. A formação do Império Carolíngio (com Carlos Magno, que reinou de 768 a 814) deu um novo impulso à escravidão.

Nessa época, os escravos em geral se deslocavam das regiões "pobres" (menos povoadas, menos desenvolvidas economicamente) para as regiões mais "ricas". Na verdade, da Europa e da África negra para o mundo muçulmano e o Império Bizantino, que estavam mais adiantados que seus vizinhos. A demanda e o mercado de escravos estavam situados sobretudo no sul e no leste do Mediterrâneo. Em troca dos homens, os comerciantes europeus recebiam moedas de ouro árabes e bizantinas. O que se ignora em geral é que esse comércio contribuiu para o renascimento econômico do Império Carolíngio.

Foi aproximadamente dois séculos depois, por volta do ano 1000, que a escravidão começou a regredir em algumas regiões da Europa. Vários tipos de sistemas de dependência coexistiam nessa época: escravos, homens livres, homens semilivres... Tanto que é difícil encontrar sinal de escravos nos documentos da época, pelo menos nas regiões situadas mais ao norte, onde a fronteira entre o homem livre e o escravo tornou-se vaga, enquanto no Império Bizantino e no mundo muçulmano continuou bastante clara.

A escravidão persistiu, de fato, até o fim da época medieval nas regiões da Europa mediterrânea. A oeste, isto é, na península Ibérica, no sul da França e na Itália, havia em alguns casos uma escravidão "doméstica" e artesanal, ligada ao crescimento comercial (em especial na Itália), mas não só (como na Espanha e em Portugal).

Mais a leste, isto é, no Império Bizantino, a escravidão do tipo romano sobreviveu até o fim. Havia escravos em todos os setores da vida econômica e social e até eunucos na corte imperial. Um escritor latino do século IV, Cláudio Claudiano, conta que um eunuco de origem armênia chamado Eutrópio passou por vários senhores, que abusaram sexualmente dele, até ser dado à corte, em que se tornou camareiro do imperador Arcádio.

Os eunucos também eram cobiçados no mundo muçulmano. A agricultura, o artesanato, a construção civil e a administração pública eram povoadas de escravos. A escravidão "doméstica" era disseminada também. E, ao contrário do acontecia no mundo europeu e bizantino, os escravos às vezes se tornavam soldados. Foi o caso dos famosos mamelucos.

Como sublinhamos, essas três entidades (católica, ortodoxa e muçulmana) mantinham relações entre si, tanto pelas guerras como pelo comércio – sem contar as numerosas trocas culturais que ocorriam entre elas. Verdadeiras redes de importação de cativos alimentaram as regiões mediterrâneas. A religião teve um papel cada vez maior nesse comércio, simplesmente porque cada uma se acostumou a não escravizar seus correligionários. Os católicos buscavam escravos entre os "eslavos" do leste da Europa, que eram "ortodoxos" (desde o cisma de 1054), e entre os muçulmanos. Estes últimos escravizavam os "infiéis".

As vítimas dessa escravidão foram sobretudo os muçulmanos, os judeus e os cristãos ortodoxos, "eslavos", gregos e búlgaros. Nos séculos XII e XIII, condenados e perseguidos pela própria Igreja ortodoxa, capturados e vendidos aos italianos, os búlgaros eram numerosos nos mercados do Ocidente, formando uma parte considerável da população servil. A escravidão dos gregos, homens e mulheres, também era largamente disseminada.

Às importações legais somavam-se as capturas ocasionais feitas por caçadores e comerciantes de escravos catalães, genoveses e venezianos, seja em operações militares, seja por pirataria. Com a desculpa de que todo "herege" podia ser um bom escravo, mesmo as regiões dominadas continuaram a ser exploradas. Algumas vezes, italianos, castelhanos e catalães compravam escravos até de seus inimigos turcos. Durante três séculos, espanhóis e italianos participaram de um tráfico de escravos em grande escala. Como todos, católicos, ortodoxos e muçulmanos, tentavam libertar seus conterrâneos, houve acordos oficiais entre árabes e bizantinos.

## Da escravidão medieval à escravidão colonial

Houve, portanto, tanto persistência como reativação das redes escravagistas na Idade Média (em algumas regiões do Mediterrâneo, como na Sicília, a escravidão durou até por volta do fim do século XIX). O que suscita uma questão infelizmente muito pouco estudada: a das relações ou mesmo de uma possível "transferência" de métodos ou hábitos relativos à escravidão entre o Mediterrâneo medieval e a América colonial moderna.

Alguns fatos são assustadores, como o papel dos comerciantes italianos nos circuitos ibéricos nos primórdios da utilização dos escravos africanos negros, quando a reconquista de Constantinopla pelos turcos limitou seu acesso ao mercado de escravos "eslavos".

Três exemplos. Em 1460, Antonio di Noli, capitão genovês, obteve autorização do rei de Portugal para introduzir escravos negros nas ilhas do Cabo Verde, para trabalharem na cultura de cana-de-açúcar. Entre 1489 e 1497, o florentino Cesare de Barchi vendeu a Valência mais de 2 mil escravos negros. Depois da queda de Constantinopla, um certo Bartolomeo Marchionni deixou Florença para se estabelecer em Lisboa. Investiu nos canaviais da ilha da Madeira e também obteve autorização do rei de Portugal para traficar escravos negros.

Devemos acrescentar que, na América ibérica, os índios logo começaram a ser escravizados. As potências do noroeste da Europa (França, República Unida dos Países Baixos, Inglaterra), que entraram mais tarde na competição colonial, tiveram de recorrer a um sistema de contratados brancos até passar para a fase da escravidão africana. Isso pode ser explicado por diferentes razões, mas não podemos excluir o fato de que os hábitos adquiridos anteriormente podem ter tido uma influência considerável. Por sua experiência medieval, os portugueses e os espanhóis puderam aplicar diretamente nas Américas a prática que tinham da escravidão, sem passar por uma fase intermediária.

Tudo isso permite relativizar duplamente a ideia de um fim gradual da escravidão antiga. De um lado, seu declínio não teve nada de espontâneo ou regular. De outro, ele não foi total e definitivo, facilitando assim a transição para a escravidão nos tempos da América colonial.

## Quais eram os grandes sistemas escravagistas na época moderna?

Na época moderna (1492–1789), o sistema escravagista americano inseria-se num contexto mais amplo. Poderíamos chamá-lo de "ocidental" para dar conta do conjunto dos territórios dominados então pelos europeus, que englobava também algumas ilhas do oceano Índico. O outro sistema, que chamaremos aqui de "oriental", correspondia ao vasto mundo muçulmano, isto é, a África do Norte, o Oriente Médio, uma parte da Ásia e da África subsaariana.

Outros sistemas autônomos tiveram relação com esses dois grandes conjuntos. É o caso do sistema africano negro, que teve uma história própria, mas foi influenciado pela escravidão oriental – ao norte e à leste – e pela escravidão ocidental. É o caso também do sistema mediterrâneo, que teve origem na Europa medieval. E não podemos esquecer dos diferentes sistemas asiáticos, na Índia, na China e também no Japão, aparentemente menos influenciados pelos sistemas externos, ao menos no que diz respeito aos dois últimos países citados. Todos eles tiveram histórias próprias, mas ao mesmo tempo entrelaçadas, cujo estudo detalhado ultrapassa o âmbito desta obra.

## DEBATE
### A escravidão na Ásia

Na Europa, as formas de escravidão ditas "internas" diminuíram desde a Antiguidade em proveito de uma escravidão alimentada por pessoas vindas de comunidades estrangeiras. Embora várias vezes o Estado tenha tentado controlar os senhores, estes dispunham em geral de uma ampla autoridade sobre seus escravos.

A Ásia apresenta uma história mais complexa. Em primeiro lugar, porque durante muito tempo formas "internas" (escravidão por dívida e escravidão penal) coexistiram com formas "externas", em alguns momentos com largo predomínio daquelas sobre estas. Em segundo lugar, porque o Estado interveio fortemente algumas vezes. Por fim, porque era possível o vaivém entre os escravos verdadeiros e os dependentes.

O caso da Índia permite ilustrar essa última situação. Entre os séculos IX e II a.C., a escravidão desenvolveu-se com o cultivo dos vales férteis e o crescimento das grandes propriedades. Retornou na alta Idade Média, quando os escravos se misturavam aos dependentes, que pertenciam às castas inferiores da sociedade. Fortaleceu-se novamente com a instalação de um poder turco-mongol entre os séculos XIII e XVIII. Surgiu então uma escravidão específica (eunucos, artesãos, militares etc.), influenciada pelos novos senhores do país e que decaiu com eles, quando os escravos se espalharam entre os múltiplos grupos de dependentes. Mais tarde, os ingleses combateram a escravidão, que tinha ressurgido, mas estimularam a contratação de trabalhadores fortemente dependentes de seus patrões.

O intervencionismo do Estado foi muito marcado, por sua vez, na China por razões tanto fiscais quanto políticas. Fiscais, porque os escravos não pagavam impostos (como no resto do mundo). Políticas, porque em grande parte reforçavam o poder dos grandes e, portanto, ameaçavam o poder do imperador. Dessa forma, o Estado legislou e controlou muito, proibindo que um senhor matasse arbitrariamente um escravo. Wang Mang tentou inclusive proibir a compra e a venda de escravos (9 a.C.), mas sem sucesso.

## América colonial

O sistema mais conhecido é de longe o das Américas. Sabemos que a escravidão foi utilizada nas Américas logo na chegada dos primeiros europeus, com Colombo. Também sabemos que se espalhou rápido, atingindo primeiro os índios e depois, essencialmente, as populações negras trazidas da África pelo tráfico transatlântico. Assim, pouco a pouco, a escravidão nas Américas acabou vinculada à cor.

Esse processo não era dado nem inevitável. Foi elaborado aos poucos, sobretudo a partir da segunda metade do século XVII. Até então, o comércio de escravos índios no Brasil tinha um volume igual ao do tráfico negreiro. Contratados brancos também foram explorados pelos colonos no início do "cultivo da terra" nas colônias, em especial nas inglesas e francesas. Depois, por volta de 1660, foi a vez das grandes plantações se desenvolverem.

Outros sistemas poderiam ter sido escolhidos, como o das pequenas e médias explorações agrícolas. Porém, diversos fatores, dentre os quais a opção dos colonos e os interesses de alguns comerciantes das metrópoles, tiveram seu papel nessa decisão. A maioria das nações europeias de então também eram favoráveis às políticas mer-

A escravidão não colonial (período de referência: século XVIII)

- ● Escravidão
- ○ Ausência de escravidão
- ◆ Escravidão residual
- ◇ Ausência de escravidão em solo metropolitano
- ✚ Escravidão limitada às classes baixas
- xvi Século de referência quando anterior ao século XVIII
- ▯ Dados insuficientes

cantilistas. Isso quer dizer que acreditavam que sua prosperidade devia se apoiar num comércio exterior excedente. Portanto, para não comprar produtos tropicais de seus concorrentes, os Estados europeus estimulavam a colonização agrícola.

As plantações necessitavam de grande capital e de mão de obra em quantidade. Os contratados que desejavam ser colonos tornaram-se mais raros. Os índios morriam em grande número, sobretudo por causa das doenças transmitidas pelos europeus e dos maus-tratos. Nas regiões onde ainda eram numerosos, os colonos preferiam recorrer à mão de obra africana, que resistia melhor às doenças e não podia escapar. Espanhóis e portugueses utilizaram escravos negros a partir de meados do século XV. E o preço que pagavam por eles na África tornava o negócio rentável. Assim, depois de 1660, as necessidades das grandes plantações levaram ao crescimento do tráfico negreiro. Foi nesse momento que ele realmente decolou. Atingiu seu ápice no século XVIII, diminuiu, mas continuou forte até os anos 1840, desaparecendo nos anos 1860. No total, entre 1450 e 1869, quase 12 milhões de africanos foram levados para Portugal, ilhas do Atlântico e Américas.

Durante esse período (1660 a 1860, aproximadamente), a escravidão nas Américas "tornou-se racial". De um lado, porque as pessoas se acostumaram a ver essencialmente escravos negros. De outro, porque as sociedades escravagistas que então se desenvolveram organizaram as relações sociais e de trabalho amplamente em função das diferenças de cor. Quanto mais negro, mais relegado às operações mais simples e mais árduas, enquanto os mulatos e os descendentes de colonos podiam ter acesso às funções administrativas das plantações.

Quando ligado à cor, o preconceito não diminui com o fim da escravidão. Em geral, mesmo rico e proprietário de escravos, o homem de cor livre é sempre muito mal visto pelos brancos. Isso varia de acordo com o lugar e a época, mas, no fim, trata-se de *nuances* no interior de um conjunto em que raça e escravidão estão ligadas.

As Américas não foram atingidas da mesma maneira pelo universo da plantação. No norte do continente, o fenômeno ocorreu na costa leste e sobretudo no sul dos Estados Unidos. No centro, as Antilhas tiveram um papel preponderante. Na América do Sul, o Brasil envolveu-se particularmente com esse tipo de exploração. No resto, ou seja, na maior parte da América espanhola continental, a escravidão esteve presente, mas as grandes plantações desenvolveram-se de forma moderada e bastante tardia.

Com o tempo, o centro de gravidade da escravidão também mudou. Orientou-se primeiro para as ilhas do Atlântico próximas da Europa e da África (Madeira e São Tomé), onde surgiram as primeiras plantações ocidentais (depois das plantações do Mediterrâneo), e em seguida ganhou o Brasil (séculos XV e XVI). No fim do século XVIII, as Antilhas concentravam a maior parte dos escravos (mais de 1,12 milhão), especialmente nas ilhas francesas e inglesas. Por volta de 1860, Cuba (espanhola) era a única do Caribe a empregar escravos em grande quantidade, mas o Brasil (com 1,51 milhão de escravos) e sobretudo o Velho Sul dos Estados Unidos (com 3,95 milhões) dominavam a escravidão americana.

A maior parte desses escravos era empregada em plantações, pequenas e grandes. Outros eram "domésticos" ou, quando exerciam alguma profissão, eram alugados por seus "senhores", que desse modo obtinham uma espécie de renda (o que não implicava necessariamente melhores condições de vida). Olaudah Equiano conta que, nos anos 1760, ele teve "a boa fortuna de satisfazer a seu proprietário", descrito como "generoso e cheio de humanidade". Acrescenta, porém, que "várias vezes viu [outros escravos] apanharem por pedir seus salários e com frequência serem rudemente açoitados por seus proprietários se não trouxessem o salário cotidiano ou semanal a tempo e a hora".

Nas Américas, aliás, o fim da escravidão não significou o fim da discriminação. Ela até aumentou no Velho Sul depois da abolição da escravidão, em 1865, porque os antigos escravagistas tentaram manter os antigos escravos, agora libertos, à margem. Foi só no fim dos anos 1950 e início dos anos 1960, em especial por causa da atuação do pastor Martin Luther King, que os negros dos Estados Unidos puderam obter concretamente os mesmos direitos dos outros cidadãos norte-americanos. Isso pôs fim à segregação oficial (nas escolas, nos locais públicos etc.), mas não a certa segregação social, que existe até hoje. Nas antigas colônias francesas da América, a escravidão foi abolida em 1848, mas o sistema colonial se manteve até depois da Segunda Guerra Mundial.

Hoje, há grandes comunidades negras nas Américas. Elas podem ser explicadas pelo fluxo negreiro do passado e pela história demográfica mais recente.

De cerca de 1660 até o início do século XIX, os "senhores" mandaram vir cada vez mais escravos. Em geral, esses escravos eram concentrados nas plantações, pequenas ou grandes. A partir do fim do século XVIII, muitos estimularam o nascimento de escravos nas fazendas para não ter de comprá-los fora, porque tornaram-se bem mais caros. A combinação destes três fatores foi específica das Américas: vinda de escravos contínua e crescente, durante um longo período; relativa concentração de escravos num mesmo espaço; políticas de estímulo ao nascimento de escravos, que afinal, mesmo tardias, foram muito eficientes (explicam, por exemplo, o crescimento espetacular do número de escravos no Velho Sul no século XIX, apesar de o tráfico – portanto, a introdução de escravos vindos de fora – ter sido proibido nos Estados Unidos desde 1808). Um quarto fator foi igualmente importante. Uma vez abolida a escravidão, a endogamia (o casamento entre membros de um mesmo grupo, nesse caso negro) manteve-se forte durante um bom tempo. Em geral, as famílias negras tinham em média mais filhos que as famílias brancas. Isso acabou favorecendo a constituição de grandes comunidades negras.

Negros – em geral escravos, mas também alforriados e livres – foram levados para a Europa também. No século XV, mais de 100 mil viviam na península Ibérica. Em meados do século XVIII, eram aproximadamente 5 mil na França, de 10 mil a 15 mil na Inglaterra, alguns milhares nos Países Baixos e algumas centenas entre Alemanha, Escandinávia e Rússia. Essa presença suscitou alguns mitos, como o de Zwarte Piet, o auxiliar negro de são Nicolau, de quem, nos Países Baixos, dizia-se recompensar as crianças boas e aterrorizar as más.

Sabemos também de um protegido do czar Pedro, o Grande: Abram Hannibal, que veio a ser o bisavô do famoso escritor Puchkin (1799–1837). Na França, é conhecida a história do famoso cavaleiro de Saint-George, um mulato de Guadalupe também chamado de "Mozart negro", e a de Alexandre Dumas, autor de *Os três mosqueteiros*, filho de um general da Revolução Francesa nascido do amor de um marquês por uma escrava.

Esses exemplos mostram certa diferença entre as colônias americanas, onde o racismo contra as populações negras estava fortemente arraigado, e as metrópoles europeias, onde o preconceito era menos intenso e menos disseminado no fim do século XVIII. Contudo, o sucesso de alguns – às vezes logo esquecido – não deve obliterar a imensa desgraça da esmagadora maioria dos outros, escravos nas Américas. Assim como Pasion e Formion em Atenas não podem nos fazer esquecer dos escravos do monte Lauro.

## O mundo muçulmano

Entre os muçulmanos foi muito diferente. O sistema escravagista no mundo muçulmano era mais antigo e durou mais. No entanto, os diferentes povos escravizados não levaram à formação de grandes comunidades como nas Américas. Isso se deveria ao fato dos "senhores" muçulmanos terem sido mais cruéis e não pensarem duas vezes antes de castrar e transformar a maioria dos escravos homens em eunucos e confinar zelosamente as mulheres em haréns, como às vezes se lê nos livros? Essa tese não é mais condizente com a realidade do que a tese inversa, que da ausência de grandes comunidades resultantes da escravidão permite deduzir que tal fenômeno nunca existiu.

O que aconteceu foi que, ao contrário do caso das Américas, houve pouca política de estímulo ao nascimento de escravos no mundo muçulmano. Os escravos eram muito mais espalhados no espaço e mais diversamente repartidos na economia e na sociedade. A vinda de escravos do exterior (todos eram forçosamente estrangeiros, porque não se podia escravizar muçulmanos) também foi mais irregular no tempo e no espaço. Algumas regiões receberam um grande número de escravos durante décadas e depois, durante períodos igualmente longos, quase nenhum. O mundo dos tártaros não era igual ao do Magrebe, do Egito, do Oriente Médio, da Índia ou das regiões da curva do Níger.

Ao contrário do que ocorreu nas Américas, os sistemas escravagistas do mundo muçulmano tinham pouco a ver com a cor da pele. Na verdade, os escravos eram provenientes de todas as regiões. Havia escravos brancos vindos da Europa mediterrânea, sobretudo da região dos Bálcãs e do Cáucaso; também havia escravos asiáticos e negros africanos.

Devemos concluir daí que não havia racismo nesse tipo de escravidão? É claro que não. Por pelo menos duas razões. A primeira é que homens de outras cores (brancos, negros e amarelos) foram escravizados por populações que se consideravam de cor diferente. A segunda remete à própria definição de racismo, que pode estar ligado à cor e ao físico, mas também, como vimos, a características culturais. Nos dois casos, fundados quer em critérios físicos, quer em culturais, acabamos por transformar a diferença em inferioridade, vista então como natural.

Sabemos que, quantitativamente, essa escravidão foi importante, mas temos mais estimativas para certas regiões e épocas do que balanços gerais. Além do que, conforme a zona de partida dos escravos, a cronologia difere. Cristãos da Europa mediterrânea foram escravizados na Idade Média, mas parece que foram mais numerosos na época moderna. As regiões do Cáucaso e dos Bálcãs foram exploradas por um período maior, mas de maneira irregular. Os escravos negros começaram a chegar no século VII, mas, quantitativamente, esse tipo de escravidão parece ter tido seu apogeu no século XIX.

Em 1987, o norte-americano Ralph Austen estimou que, do século VII aos anos 1920, quase 17 milhões de negros foram levados da África negra; outros falam de 14 a 15 milhões. Todavia, é difícil estabelecer uma fronteira, porque, com o tempo, boa parte da África negra situada entre o Saara (no norte) e a floresta equatorial (no sul) foi islamizada e, portanto, integrada ao vasto mundo muçulmano.

Em 2003, outro norte-americano, Robert Davis, estimou que 1,25 milhão de cristãos foram escravizados nos países do Magrebe entre 1530 e 1780. Nos Bálcãs, 200 mil homens jovens foram deportados entre 1400 e 1650 como forma de imposto ao Império Otomano. Somam-se a isso as presas de guerra: por exemplo, foram feitos quase 80 mil cativos no assalto a Viena, em 1683. Entre 1450 e 1700, 2,5 milhões de poloneses, russos, ucranianos e circassianos foram escravizados pelo Império Otomano. Mais tarde, as vítimas foram os armênios. No início dos anos 1840, os Estados uzbeques contavam quase 1 milhão de escravos. Na Índia, dos 8 a 9 milhões de escravos estimados em 1841, a maioria pertencia a "senhores" muçulmanos. Nos anos 1880, no norte de Bornéu, quase dois terços da população era de escravos.

Em relação aos escravos cristãos do Magrebe, sabemos que 90% deles eram homens e poucos tiveram a chance de ter descendência. A única coisa "visível" que restou dessa escravidão foi o produto do trabalho desses escravos, ao menos dos que foram designados para as grandes obras do Estado (o trabalho dos escravos "domésticos" é menos perceptível): construção de diques, fortificações, portos, ruas e também palácios. Contudo, boa parte dessas construções não existe mais.

No início, as grandes operações militares realizadas pelos Estados berberes eram frequentes, mesmo no interior do continente. No entanto, a partir das primeiras décadas do século XVII, os escravos brancos eram produto sobretudo de pirataria privada. Para esses negociadores, a escravidão não era um comércio anexo, pois o valor dos escravos podia representar entre 20% e 100% do valor das outras presas, incluindo navios e mercadorias.

O chamariz do lucro era reforçado pelo conflito entre a cristandade e o islã. Senão como poderíamos entender o profundo horror que os corsários (entre eles, alguns cristãos renegados) nutriam pelos sinos das igrejas das aldeias que saqueavam? Sinos que eles baixavam e algumas vezes levavam com eles (o bronze tinha algum valor). A violência exercida localmente, durante os saques, tinha um tom simbólico e alimentava o temor das populações litorâneas. As humilhações infligidas na mesma hora aos novos cativos tinham o mesmo objetivo. Assim dessocializados, era mais fácil transformá-los em escravos. Depois, eram mais bem tratados durante algum tempo até se aclimatarem e serem orientados para as mais diversas atividades, desde o trabalho nos laranjais de Túnis até o serviço doméstico. A maioria, porém, era destinada a outras tarefas: galés, transporte de pedras, construção, mineração etc.

Alguns escravos escapavam de tudo isso quando se percebia que podiam render um bom resgate. Outros podiam ser resgatados depois de alguns anos, como Miguel de Cervantes (1547–1616), autor de *Dom Quixote*\*, que foi escravo durante cinco anos. Era uma verdadeira provação, pelo que diz William Okeley, um inglês que foi escravo em Argel e, em 1675, publicou o relato do seu cativeiro. Ele escreveu: "à medida que passou o tempo, nós nos acostumamos tão bem à escravidão que quase nos esquecemos da liberdade; nós nos tornamos bichos inconscientes da nossa servidão".

Com o tempo, os resgates tornaram-se teoricamente mais fáceis, porque foram criadas instituições religiosas especializadas do outro lado do Mediterrâneo. Assim, a duração do cativeiro, em muitos casos, não podia se estender por mais de cinco a doze anos. No en-

---

\* Ed. bras.: Miguel de Cervantes, *O engenhoso fidalgo Dom Quixote da Mancha* (Rio de Janeiro, Record, 2005). (N. E.)

tanto, por causa da taxa de mortalidade (cerca de 15% por ano), muitos nutriam poucas esperanças de voltar para casa. Davis estima que apenas cerca de 5% desses escravos eram resgatados, trocados ou conseguiam fugir.

Se os cristãos foram escravos no Magrebe, os muçulmanos também foram escravos dos cristãos, certamente mais de 1 milhão durante a época moderna, segundo Alessandro Stella. O fenômeno foi atestado em Malta e na Espanha. Encontramos muitos vestígios da imagem negativa dos muçulmanos no Ocidente em relatos de viajantes europeus pela "barbárie" (era assim que a África do Norte era chamada na época) no século XVIII.

Quanto às atividades desses escravos, não houve grandes mudanças da época medieval para a época moderna. Eles estavam presentes em todos os setores da vida econômica e social, inclusive no Exército (como vimos), nas minas, na colheita de tâmaras, na coleta de pérolas, na construção civil e na manutenção da estrutura de irrigação.

## África negra pré-colonial

Ainda faltam respostas para várias questões relativas à escravidão na África negra pré-colonial, isto é, antes de sua colonização pelos europeus, no fim do século XIX.

A primeira diz respeito às suas origens. Sabemos que são antigas e que havia escravos, por exemplo, na região de Cuch (Núbia), na época em que estava em guerra com o Egito faraônico. Sabemos também que um pequeno tráfico transaariano levou para lá escravos negros na época romana e que existiam Estados escravagistas na África ocidental, pelo menos desde a alta Idade Média. Mas ainda não sabemos se essas formas antigas de escravidão se desenvolveram de maneira autônoma ou se sofreram influência de povos que não faziam parte da África negra.

Na verdade, a questão se coloca sobretudo para o período posterior ao século VII da nossa era, no momento em que começou realmente a surgir um comércio regular de escravos entre a África negra e o mundo muçulmano. Antes disso, as influências entre a África negra e as outras regiões eram bastante tênues. Podemos imaginar então que, num primeiro momento, como na maioria das outras regiões do mundo, a escravidão se desenvolveu de maneira mais ou menos autônoma na África negra, como consequência de fatores sem dúvida comparáveis aos encontrados nessas outras partes do mundo: surgimento de sociedades complexas, excedentes, redes comerciais etc.

Com o impulso do comércio negreiro rumo ao mundo muçulmano (depois do século VII), a descoberta da África negra pelos portugueses (século XV) e o desenvolvimento do tráfico atlântico (fim do século XVII), é evidente que se estabeleceram vínculos entre o tráfico externo e a escravidão interna no continente africano. Alguns historiadores acreditam que esses vínculos se limitaram às periferias e não alteraram muita coisa no interior do continente. Outros, ao contrário, dizem que tudo mudou radicalmente por causa desses vínculos externos. O mais provável é que tenha havido um meio-termo entre essas duas hipóteses extremas.

O que sabemos é que os modos de escravizar eram os mesmos de outras partes do mundo: guerra, sequestros e saques, venda voluntária em épocas de fome, dívida ou outra perturbação grave, escravidão em consequência de condenação penal... A pessoa que se "penhorasse", isto é, desse a si mesma como garantia de uma dívida ou empréstimo com um credor, continuava sendo livre por direito, mas alguns "penhorados" podiam vir a se tornar escravos de verdade. A escravidão também era transmitida pela mãe. Parte dos escravos era vendida para o exterior e outra permanecia na África negra, em especial as mulheres, porque eram exploradas sexualmente, mas também – e, sem dúvida, acima de tudo – porque podiam procriar e tinham um papel efetivo na agricultura.

O historiador norte-americano Patrick Manning estima que, no longo prazo, o número de escravos que permaneceram na África negra foi aproximadamente a metade de todos os que foram levados de lá. Isso equivaleria a aproximadamente 14 milhões de pessoas vendidas dentro do continente em mais de mil anos (do século VII ao século XIX); mas essa ordem de grandeza se baseia em projeções.

Aparentemente, a escravidão cresceu com o tempo, em especial depois da segunda metade do século XVIII, e atingiu proporções por vezes gigantescas no fim do século XIX, quando o tráfico atlântico já tinha acabado, mas o comércio oriental atingiu seu apogeu e as guerras na África negra recrudesceram. Segundo o canadense Paul Lovejoy, é possível que mais de 50% da população africana tenha sido escravizada (o que daria mais escravos para esse período do que Manning calculou para todo o período de tráfico negreiro). De modo que, segundo ele (e também Martin Klein, outro canadense), a África ocidental sozinha possuía em 1900 mais escravos que todo o continente americano no fim do século XVIII: entre 1 milhão e 2,5 milhões de escravos no Império de Sokoto (atual Nigéria) e mais de 1,8 milhão apenas nas regiões do Senegal, da Guiné e do Níger. Paralelamente, um número ainda maior de escravos parece ter sido empregado na produção de bens destinados ao comércio, em especial produtos agrícolas. Isso indica uma transformação verdadeira e importante (que, em alguns casos, ainda precisa ser melhor estudada).

Isso não quer dizer que outras formas de utilização dos escravos (mais "tradicionais") foram menos importantes. Na verdade, o que importa realmente é o contexto em que a produção era efetuada. Ora, na África negra pré-colonial, o grosso da produção era realizado num ambiente "familiar". Nesse sentido, a escravidão "doméstica" pode ter tido um papel econômico importante. Afinal, a Europa podia muito bem se privar de cacau, mas a África não podia abrir mão de suas culturas de víveres. Muito frequentemente, temos tendência a considerar "capitalista" e "produtivo" tudo que se refere ao Ocidente e "arcaico" e "pouco rentável" tudo que diz respeito às outras civilizações.

A variedade dos papéis efetivamente desempenhados pelos escravos na África negra pré-colonial lembra um pouco o mundo muçulmano. Havia escravos na agricultura, de fato; outros eram carregadores, soldados, concubinas ou faziam o papel de "funcionários públicos" e, às vezes, eram sacrificados quando morria um chefe (sacrifícios que não existiam no mundo muçulmano e na América colonial, mas eram praticados pelos astecas). Também podiam servir como moeda de troca ou ser instalados em aldeias fronteiriças para controlar quem entrava. Em geral, os escravos não eram nem mais nem menos bem tratados que em outros lugares, pois, como no resto do mundo, sua situação dependia de fatores que mudavam conforme a época e o lugar.

É o caso, entre outros, dos antigos países que hoje integram Burkina Faso, estudados recentemente pelo historiador burquinense Maurice Bazemo. Ele diz que os lielas valorizavam muito o trabalho da terra e algumas vezes até o consideravam uma prova de "bravura". O escravo utilizado como agricultor podia então ser relativamente bem tratado. Entre os peúles e os tuaregues, parece que importava a força bruta, sem nenhuma relação com a ideia de trabalho.

O autor lembra também que o grupo do qual saía o escravo era sempre desvalorizado pelo grupo que o explorava. Os mossis, por exemplo, tinham o hábito de chamar pelo mesmo adjetivo *gourounsis* os povos que estavam acostumados a escravizar. Como diz Bazemo, para eles esses povos eram "atrasados". Segundo ele, *gourounsis* seria equivalente a "bárbaro" e às vezes também era empregado no sentido de "escravo". Como eram diferentes, politicamente menos estruturados e, portanto, mais fracos, os *gourounsis* se tornaram vítimas de seus vizinhos mais poderosos. Estes justificavam a exploração daqueles por seu suposto baixo nível de desenvolvimento. Aqui, como em todo o mundo, o escravo era necessariamente o "outro", alguém descrito como diferente e um tanto "bárbaro".

Veremos mais adiante que, tendo colonizado a África negra a pretexto de combater a escravidão (entre outros), as potências europeias tiveram um papel ambíguo nessa questão.

## Que formas a escravidão assume hoje?

O que aconteceu com a escravidão na época contemporânea, isto é, a partir de 1789? Foi desaparecendo aos poucos, sob pressão das transformações políticas, econômicas e culturais, ou simplesmente mudou de forma?

### A Revolução Francesa e a indústria acabaram com a escravidão?

Na França, quando falamos em "transformações da época contemporânea", muitas vezes estamos nos referindo à Revolução Francesa e à indústria, o que é um tanto sumário e redutor. Mesmo assim, porém, esses dois fenômenos correspondem a mudanças profundas na história do mundo. Ilustram e acompanham o fim do absolutismo, o avanço em direção à democracia e toda uma série de transformações políticas e culturais que gradativamente, em momentos diferentes conforme a região do mundo, aboliram ou enfraqueceram o que poderíamos chamar de "Antigo Regime". Ora, a escravidão nos parece hoje algo tão monstruoso e arcaico que não podemos deixar de pensar que ela desapareceu, ou deveria ter desaparecido, com esse "Antigo Regime".

Além do mais, quando pensamos em industrialização, pensamos também em substituição progressiva do homem pela máquina num grande número de atividades. Então, também nesse caso, podemos pensar que a industrialização tornou o trabalho escravo menos produtivo, condenando-o a desaparecer pouco a pouco, por simples razões econômicas.

Como seria bom se fosse simples assim... É verdade que a escravidão foi sendo oficialmente abolida no continente americano ao longo do século XIX (o último foi o Brasil, em 1888), mas nele, bem como nas colônias europeias do oceano Índico, a mudança para o trabalho livre foi bastante difícil. De um lado, porque em geral os escravos libertos não tinham muita vontade de trabalhar como assalariados para os seus antigos "senhores" (podemos compreendê-los!). De outro, porque os fazendeiros resistiam a tratar os antigos escravos como iguais a eles e a remunerá-los normalmente.

Então, mandaram vir trabalhadores estrangeiros. Índios do Iucatan foram para o Caribe. Alguns africanos também se deslocaram. Mediterrâneos, como os italianos, imigraram para a América do Sul. No entanto, foram a China e, sobretudo, a Índia que forneceram os maiores contingentes de trabalhadores, chamados de "contratados" (como os imigrantes brancos anteriormente explorados pelos primeiros colonos norte-americanos). No total, quase 1 milhão de pessoas rumaram para a região do Caribe entre 1811 e 1939.

Para alguns historiadores, essa "contratação" era uma forma de escravidão disfarçada, porque os "contratados" eram, na verdade, duramente explorados. Assinados no embarque, os contratos nem sempre eram muito "regulares". De qualquer modo, todos esses homens e mulheres eram assalariados. A maioria partiu espontaneamente de seus países e tinha a possibilidade de retornar. Quanto às suas condições de transporte (por via marítima), elas não eram nem de longe comparáveis às condições em que os escravos africanos eram transportados pelo tráfico negreiro. Sendo assim, o caso dos contratados mostra menos a continuidade da escravidão propriamente dita do que a capacidade do homem de sempre encontrar novos meios, adaptados a sua época, de explorar seu semelhante.

Na Ásia oriental, a escravidão também recuou no século XIX, ao menos oficialmente. Na África e no Oriente Médio, em compensação, ela parece ter aumentado nessa época para então regredir no século XX. Hoje, a África negra e o Oriente Médio, além da América do Sul e do sul da Ásia, são as regiões do mundo onde ainda existem mais formas de escravidão.

## Ainda milhões de "escravos"

Não nos arriscaremos a citar números exatos aqui. Simplesmente porque a definição do termo "escravo" não é mesma para todos e, como vimos, varia nos documentos oficiais. A verdade, porém, é que milhões de pessoas, verdadeiras escravas modernas, são exploradas hoje no mundo inteiro.

Escravo, infelizmente, é a palavra mais apropriada: podemos encontrar nessas pessoas as quatro características enunciadas no fim do primeiro capítulo, quando tentamos dar uma definição de escravidão. Em geral, trata-se de estranhos ou de pessoas vistas e transformadas de fato em estranhos. Esses indivíduos tornam-se, de fato, "posse" de outros. Essa "posse" pode ser consequência de "acordos" ou de "contratos" absolutamente ilegais, mas que unem inapelavelmente as partes envolvidas. É o caso das crianças vendidas a traficantes no sudeste da Ásia ou então das mulheres que entram para as redes de prostituição por intermédio de um verdadeiro tráfico (isto é, comércio de seres humanos). Reduzidas a uma escravidão "doméstica", outras pessoas podem ser praticamente sequestradas por seus "senhores", que confiscam qualquer tipo de documento que possam ter com elas. Em muitos países, isso já é suficiente para transformá-las em "estranhas" quase absolutas, que podem ser manipuladas à vontade para "proveito" de quem as explora.

## Retorno ao passado ou metamorfoses?

A novidade é que, a escravidão estando oficialmente abolida em todo o mundo, o que temos são situações *de fato* e não *de direito*. Isso mostra que a mentalidade das pessoas não evoluiu na mesma velocidade que o direito. Assim, a "modernidade" da escravidão que persiste sob o nosso nariz depende em grande parte da persistência de mentalidades antigas no mundo "moderno". Essa "modernidade" da escravidão também pode ser explicada pelas consequências da globalização, cujos enormes progressos são bastante recentes. Portanto, é inútil perguntar se "a escravidão moderna" indica uma persistência de formas antigas, um retorno ao passado ou o surgimento de novas formas de exploração. A escravidão dita moderna é tudo isso ao mesmo tempo.

Na verdade, as formas de escravidão "moderna" resultam muitas vezes da conjunção de dois elementos. De um lado, a intrusão de certa desordem da economia que possibilita a recrudescência de formas de exploração. De outro, condições locais favoráveis: "tradição", corrupção etc.

Tomemos como exemplo as formas atuais de escravidão sexual no sudeste da Ásia. Elas estão ligadas a certas "tradições". Na verdade, podemos encontrá-las em sociedades que até recentemente praticavam a escravidão voluntária ou a escravidão por dívida. Um exemplo é dado pela autobiografia de uma mulher do Ifugao (Filipinas). Nos anos 1930, a moça emprestou mais dinheiro do que poderia pagar com a promessa de que seria escrava do seu credor a partir de determinada data, apenas para viver e parecer uma pessoa importante durante o período de um mês. Findo esse tempo, convidou todos os moradores da aldeia para uma grande festa. Em seguida, foi vendida para comerciantes que a levaram para longe dali, sem esperança de retornar.

As formas atuais de escravidão sexual no sudeste da Ásia também aparecem em regiões onde antigamente se admitia o princípio do que os sociólogos chamam de "preço sem volta" para a noiva (o que significa que não havia reciprocidade nos dotes e que a noiva podia ser mais ou menos "comprada"). São regiões onde em geral as crianças já eram vítimas de escravidão "interna" no passado. Temos aqui, então, a junção de fenômenos antigos com transformações recentes, como o crescimento do turismo sexual.

Encontramos o mesmo coquetel de antigo com moderno em certas regiões do Brasil, nos anos 1950 e 1960. A longa presença histórica da escravidão e o surgimento de uma agricultura um tanto "selvagem" (com o capitalismo) conduziram a um círculo vicioso: endividamento e expropriação, escravidão por dívida e, às vezes, drogas.

Um terceiro e último exemplo são os escravos "domésticos", em geral (mas nem sempre) estrangeiros em países ricos. Frequentemente, há nesses casos uma conjunção entre duas "tradições": dos "senhores" que podem vir de países do Sul, onde algumas vezes a existência de direitos sobre a pessoa do outro é admitida na prática, e a dos países de "acolhida", em que o fato de a pessoa não ter existência legal (documentos) pode conduzir na realidade a verdadeiras situações de posse.

## Três grandes tipos de escravidão no mundo hoje

Distinguimos em geral três grandes tipos de escravidão no mundo contemporâneo. O primeiro corresponde ao que chamamos de "persistência" de formas "tradicionais" de escravidão, como a escravidão por dívida ou a venda de crianças. A África negra, o subcontinente indiano e a Indonésia são os mais atingidos por essa primeira categoria, embora a escravidão por dívida ainda persista também nas grandes propriedades rurais do Nordeste brasileiro. No Nepal e na Índia, crianças são utilizadas na fabricação de tapetes. No Paquistão, famílias inteiras são empregadas na fabricação de tapetes e tijolos e na agricultura. Na Tailândia, no Camboja, na Birmânia e no Laos, crianças são compradas de famílias pobres por intermediários para serem usadas na prostituição, no artesanato ou como "domésticas" nas casas. O tráfico de crianças persiste também num grande número de países do golfo da Guiné, bem como na Mauritânia e no Sudão.

O segundo tipo de escravidão moderna remete a formas de exploração extremas da mão de obra, tanto na agricultura (plantações) como nas minas e nas empresas de terceirização industrial. Na África (Congo, Serra Leoa, Guiné, Níger, Tanzânia e Zimbábue), o que predomina é a exploração em minas. Na América Latina, algumas indústrias (calçados no Brasil e terceirização no México e em Honduras) também utilizam esse tipo de "operário", assim como boa parte da Ásia oriental (China e Nepal, ao norte, e Vietnã, ao sul). Na República Dominicana os haitianos são explorados nas plantações. O Oriente Médio não fica atrás, com trabalhadores vindos das Filipinas, do Paquistão, da Índia e de Bangladesh. Ao contrário dos dois primeiros tipos, que aparecem sobretudo nos países do "Sul" (mais pobres ou emergentes), a última categoria de escravidão moderna diz respeito também à Europa. Essa categoria corresponde à servidão doméstica – clandestina, evidentemente. Podemos encontrá-la também na América Latina (Brasil e Peru), no Haiti e na Ásia (de Bangladesh à Indonésia). Na África, às vezes é confundida com a chamada escravidão "consuetudinária".

A categorização tripartite que acabamos de descrever não é necessariamente a melhor. Na verdade, ela deixa de lado alguns tipos de prostituição encontrados sobretudo na África negra e no Leste Europeu. Do mesmo modo, são incluídos na segunda categoria (formas extremas de exploração da mão de obra) alguns tipos de servidão que não correspondem exatamente à escravidão (porque nem sempre implicam o princípio da "posse" de um homem por outro e a possibilidade de transferência para terceiros), pelo menos não antes de alguns documentos internacionais da segunda metade do século XX. Além disso, se quisermos seguir a orientação desses documentos, temos de incluir na escravidão moderna certos casamentos forçados. Tudo isso mostra que, para combater de maneira mais eficaz as formas modernas de escravidão e de exploração do homem, talvez devêssemos tentar nos entender melhor sobre um mínimo de definições comuns.

No geral, como se vê, seria no mínimo ingênuo acreditar que "os progressos da civilização" vieram automaticamente acompanhados da erradicação da escravidão, ou mesmo de sua extinção gradativa. No entanto, seria injusto subestimar o avanço sem igual na história da humanidade que foi *a abolição da escravidão em direito* em todos os países do mundo e no direito internacional. Já é um passo considerável que a escravidão seja universalmente reconhecida como inaceitável, se não em fato, ao menos em princípio, e que nenhuma pessoa sensata pense em justificá-la moralmente.

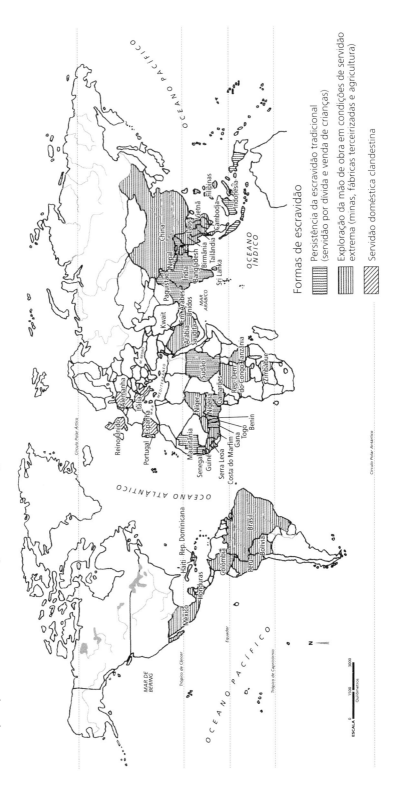

Quando cada um de nós sente que a escravidão é um atentado vergonhoso contra a humanidade daquele que é vítima dela, a luta pela abolição efetiva pode se apoiar numa nova força: mesmo os escravagistas mais cínicos não podem mais continuar acreditando que seus crimes são defensáveis. Mesmo que isso não impeça o tráfico baseado no interesse e disfarçado pela hipocrisia, em todo o caso, pela primeira vez desde o aparecimento da escravidão, ninguém mais pode defendê-la de boa fé. Resta compreender o que tornou possível essa inversão da perspectiva moral. O próximo capítulo dará os elementos necessários à reflexão sobre esse tema.

## TEXTO
### O trabalho infantil hoje

Um documento internacional de 1956 define como "instituições e práticas *análogas* à escravidão" aquelas em virtude das quais "uma criança ou um adolescente de menos de dezoito anos é entregue a um terceiro, seja por seus pais ou por um deles, seja por um tutor, em troca de pagamento ou não, visando a exploração de sua pessoa ou do trabalho da mencionada criança ou adolescente".

A Organização Internacional do Trabalho (OIT) estima que uma em cada oito crianças no mundo seja submetida ao que se chama de "piores formas de trabalho". Venda, cessão pela família ou sequestro são práticas frequentes. A organização calcula hoje entre 250 milhões e 300 milhões o número de crianças com idade entre cinco e dezessete anos vítimas desse fenômeno. Uma situação que está ligada ao empobrecimento crescente de certos grupos da população e diz respeito essencialmente aos países em desenvolvimento [...], mas também aos países ditos desenvolvidos, onde crianças são empregadas sem remuneração para o trabalho em empresas familiares, em grandes plantações ou na indústria. [...]

O mesmo organismo estima que no início do século XXI, na África, aproximadamente oitenta milhões de crianças com menos de catorze anos trabalham [...]. Um quinto das crianças que trabalham de dez a vinte horas por dia morrem de doenças ou acidentes [...]. Em

16 de abril de 1995, Iqbal Masih, doze anos, que trabalhou vários anos numa fábrica de tapetes, foi assassinado na periferia de Lahore (Paquistão). Ele havia recuperado recentemente a liberdade com a ajuda da Frente de Libertação dos Trabalhadores Escravizados do Paquistão, tornando-se um símbolo da luta contra o trabalho infantil; algo que alguns consideram perigoso para os seus interesses. Já há alguns anos, a Anti-Slavery International faz relatórios para as Nações Unidas sobre o tráfico de crianças usadas nos Emirados Árabes como condutoras de dromedários. Tiradas ou compradas de seus pais, essas crianças são originárias do Paquistão, da Índia, de Bangladesh, do Sudão e da Mauritânia.[1]

## DEBATE
## A escravidão e a tortura

Na Grécia antiga, com exceção de dois casos particulares (quando o escravo denunciava um traidor à cidade ou quando uma ação sua era determinada pelas atividades profissionais confiadas a ele por seu "senhor"), o testemunho de um escravo não era aceito em juízo. Só eram aceitas as respostas obtidas dele por meio de tortura. O mesmo ocorria em Roma, apenas com algumas variantes. Como explicar essa situação?

Isso indica a existência de uma fronteira muito clara entre o homem livre e o escravo. No mundo greco-romano, teoricamente era proibido torturar homens livres. Teoricamente, porque evidentemente os detentores do poder recorriam à tortura, apesar de ser ilegal. Já a maneira como o escravo deveria ser submetido à "questão" era bem especificada nos códigos. O homem livre era dono do seu corpo, o escravo não. Enfim, esses procedimentos, que lembram a violência original ligada a qualquer situação de escravidão, refletem a maneira como se via ou se queria ver o escravo: um homem em quem era difícil confiar, ou porque era considerado "inferior" ao cidadão ou porque, como era dependente de seu "senhor", lhe era negada a possibilidade de exprimir naturalmente julgamentos diretos e autônomos.

---

[1] Nelly Schmidt, *L'abolition de l'esclavage* (Fayard, Paris, 2005), p. 309-11.

Em outras regiões do mundo, como na América espanhola do período colonial, os escravos podiam recorrer à Justiça. Na França do Antigo Regime, a tortura não era reservada apenas aos homens não livres, como atestam a prática da roda e o uso do açoite na Marinha, que só foi proibido em 1848, ano da abolição da escravidão nas colônias francesas. Entretanto, ao contrário da metrópole, onde foi sendo pouco a pouco condenada, especialmente pelos filósofos, a tortura permaneceu por um bom tempo como uma espécie de instituição para muitos dos "senhores" que exerciam um poder arbitrário. O poder de usar e abusar do escravo foi, em todos os tempos e lugares, uma das características da escravidão.

## ZOOM
### Eunucos e mamelucos

Os romanos, que não tinham uma palavra específica para eunuco, imaginavam que uma rainha assíria, necessariamente inimiga dos homens, foi a origem da primeira castração humana – operação que eles proibiram com vigor quando suas conquistas os conduziram ao Oriente Médio, onde era bastante conhecida. Mas isso não os impediu de enviar eunucos a Roma, às vezes a custos elevadíssimos, como escravos "exóticos" oriundos de outras partes do Império. A situação era muito parecida no mundo árabe medieval e moderno. A lei muçulmana proibia a castração, mas os escravos eunucos eram muito procurados.

E não só para guardar os locais santos e os haréns (que não existiam em Roma e em Bizâncio) ou para uso sexual de seus "senhores". No Império Bizantino, assim como no mundo muçulmano, os eunucos exerciam funções militares e administrativas, muitas vezes servindo diretamente aos grandes e aos soberanos. Nesse caso, tanto entre os bizantinos como entre os muçulmanos, os eunucos eram alforriados. Assim, eles puderam formar uma espécie de aristocracia e até ser influentes.

Isso poderia ser interpretado como um sinal de uma possível ascensão social de alguns escravos. Mas o fato de o eunuco ser libertado quando ocupava essas funções contradiz esse tipo de interpretação: na verdade, ele devia sua liberdade a sua promoção, e não o contrário. Além do mais, embora livre de direito, ele era dependente de fato do seu "senhor". Mais dependente ainda porque era incapaz de constituir uma descendência (portanto, de ser um perigo para as dinastias estabelecidas) e apoiar-se numa família ou num clã, e também porque sua posição (e às vezes sua vida) dependia em grande parte do futuro do seu "senhor".

Tudo isso fazia do eunuco um homem potencialmente muito mais fiel e confiável do que outros dependentes ou cortesãos. Vemos assim que a castração do escravo – sinal evidente de que ele não era dono do seu próprio corpo – era um meio de desviar-se das normas em vigor e obter verdadeiros trunfos nas lutas políticas e de influência da época. Prova disso, se é que existe alguma, é que a escravidão pode ter dado origem a uma grande "utilidade", que não tinha absolutamente nada a ver com a economia.

# Capítulo 3
# Lutas e abolições

*Carregadores de café a caminho da cidade* (1826), de Jean-Baptiste Debret.
Acervo Museu Castro Maya.

Vimos que, infelizmente, a escravidão esteve presente num grande número de sociedades humanas. É verdade que essa instituição assumiu múltiplas feições, ao longo do tempo e do espaço, mas seria inútil ver essa diversidade como um elo fraco da cadeia escravagista. Na verdade, ela revela que, se a escravidão teve formas mais ou menos originais, é porque sempre se adaptou relativamente bem às sociedades específicas nas quais se arraigou. O que, logicamente, deveria tornar seu deslocamento mais difícil.

Hoje, porém, mesmo que a escravidão persista, e às vezes até se desenvolva, ela só pode fazer isso de maneira ilegal, informal e dissimulada. Nesse momento, aconteceu uma coisa fundamental: a escravidão tornou-se moralmente condenada e legalmente proibida no mundo todo. Isso indica, no longo tempo da história, uma verdadeira revolução, cuja dimensão convém analisar aqui, neste último capítulo.

*Levando um palanquim, Brasil* (1820), de Maria Graham.
Biblioteca John Carter Brown.

## Como explicar a "revolução" abolicionista?

Como explicar o surgimento do abolicionismo, desse fenômeno novo e, sob muitos aspectos, "revolucionário"? Aparentemente, deveria ser bastante fácil. Praticamente desde o fim do século XVIII, muitos estudiosos se perguntaram a que poderíamos atribuir essa grande reviravolta histórica que nos interessa aqui. Todavia, com o passar do tempo, houve uma sucessão de modas que tenderam a explicar a abolição da escravidão por um único tipo de fator ou causa. Assim, hoje, nos vemos confrontados com um inventário de praticamente todas as causas possíveis e imagináveis e com fortes oposições entre os defensores desta ou daquela interpretação. Portanto, é difícil enxergar a questão com clareza e, sobretudo, *entender* o que pode ter levado homens e mulheres a lutar com sucesso contra a escravidão.

### Não existem "leis" em história

Querer explicar uma coisa nos leva em geral a buscar as *causas*, isto é, os elementos determinantes, os elementos que supostamente tiveram o papel principal dentre uma multidão de outros possíveis. Em seguida, nós destacamos um desses fatores, uma dessas causas, em detrimento das outras, ou então tentamos classificar e hierarquizar algumas delas. Em geral, contrapomos as causas ditas "profundas" (como os movimentos básicos ou as grandes tendências) às causas ditas "conjunturais" (como a gota-d'água que faz o copo transbordar).

Na física e nas ciências "naturais", os fenômenos podem ser reduzidos às leis que os regem. Isso não acontece nas ciências humanas, que tratam de fatos e de comportamentos complexos que raramente podem ser decompostos em fatores elementares. Por isso a história não pode dar conta integralmente das causas efetivas do que acontece. O que ela pode fazer é retraçar o desenrolar dos acontecimentos, mas sabendo que esse desenrolar poderia ter sido diferente. Como em geral conhecemos o início e o fim dos acontecimentos reportados pela história, somos inclinados a achar que seu encadeamento é perfeitamente lógico e indiscutível. Em geral, porém, quando tomamos uma decisão hoje, você e eu temos de fazer escolhas. Os homens do passado faziam a mesma coisa. O que não quer dizer que essas escolhas eram sempre necessariamente livres e abertas: nem tudo é possível o tempo todo e já esclarecemos muita coisa a respeito das decisões tomadas no passado quando determinamos uma parte das limitações e das influências que pesavam sobre elas.

O que o historiador precisa nos lembrar é a importância dessas escolhas ou orientações possíveis e ressaltar que o que ocorreu não era necessariamente inevitável. É por isso que o sociólogo Max Weber (1864–1920) achava que, nas ciências humanas, os pesquisadores deviam *compreender* mais do que explicar. Compreender o sentido que os homens (do passado, no caso do historiador) davam às suas ações e como eles viam o mundo. Mas, ao mesmo tempo, sabendo que eles podiam agir num determinado sentido e chegar, por meio de seus atos, a efeitos muito diferentes daqueles que esperavam. Sem esquecer que, como a maioria de nós, eles eram movidos simultaneamente por múltiplos valores e ideias.

Moral ou economia? Justo ou útil?

Vamos aplicar isso à escravidão e, mais precisamente, à escravidão dos negros na América colonial da época moderna, pois o abolicionismo surgiu para acabar com ela.

Desde o fim do século XVIII, alguns estudiosos quiseram explicar o movimento que se formou contra a escravidão americana como uma ação de filantropos que convenceram seus concidadãos do caráter desumano da escravidão.

Mais tarde, na virada da segunda metade do século XX, alguns historiadores rejeitaram totalmente esse tipo de explicação e o substituíram por motivações mais materiais. Destacaram que a Inglaterra do fim do século XVIII – a primeira nação ocidental a entrar firmemente na luta abolicionista numa escala internacional – já não necessitava tanto da escravidão, porque tinha entrado na era da Revolução Industrial. Até então, a escravidão colonial tinha se apoiado numa espécie de protecionismo (as colônias só podiam fazer comércio com suas metrópoles); porém, os produtos industriais de uma Inglaterra pouco povoada necessitavam de grandes mercados externos, logo, da abertura de outros mercados e de uma política mais orientada para o livre-comércio.

Não sendo mais necessária, a manutenção da escravidão americana podia até prejudicar o desenvolvimento da indústria inglesa. Impelindo as outras nações da Europa a abolir a escravidão, a Inglaterra também poderia superá-las em termos de desenvolvimento, já que a indústria ainda era incipiente nesses países. Assim, ela matava dois coelhos com uma cajadada: a abolição da escravidão permitiria que levasse seu crescimento adiante e ao mesmo tempo limitava o dos seus concorrentes.

Mais tarde, outros historiadores invalidaram boa parte dessa explicação. De um lado, mostrando que as colônias escravagistas continuaram a crescer no fim do século XVIII. De outro, lembrando que a Inglaterra, ameaçada de ser asfixiada economicamente pelo bloco continental decretado por Napoleão I (1806–1807), tendeu a exigir mais do que antes de suas colônias. Por fim, como explicar os múltiplos abaixo-assinados, que se estenderam por quase um século (do fim do século XVIII até o fim do século XIX), em defesa da abolição da escravidão (primeiro nas Américas, depois na África e no Oriente)? Abaixo-assinados dos quais constavam assinaturas de dezenas ou mesmo de centenas de milhares de britânicos, em geral das classes médias ou desfavorecidas e que visivelmente não dariam sua assinatura para apoiar supostos interesses do capitalismo industrial britânico.

Isso não significa que a Grã-Bretanha não tenha considerado seus interesses. Senão por que teria permitido que Portugal (cuja economia já estava em parte sob influência britânica havia décadas) prosseguisse o tráfico de negros ao sul do Equador até o início dos anos 1830, enquanto na mesma época se mostrava irredutível em relação à França, potência mais diretamente concorrente? Simplesmente porque nem a economia nem a filantropia podem explicar *sozinhas* o nascimento, a afirmação e o sucesso de um movimento abolicionista internacional.

Outros fatores devem ser considerados. A começar pelos interesses geoestratégicos: instituindo-se polícia dos mares com o intuito de deter os navios negreiros das outras nações, a Inglaterra reforçou sua influência mundial. O papel da religião também não pode ser minimizado: muitos britânicos foram convencidos por seus pastores a assinar abaixo-assinados. E, até o fim do século XIX, em escala internacional, os protestantes ultrapassaram várias vezes a Igreja católica no combate abolicionista. Além disso, não podemos esquecer o papel do patriotismo. Um patriotismo muitas vezes mobilizado pelos defensores da escravidão, mas que na Inglaterra, ao contrário, serviu aos interesses dos abolicionistas. Ademais, o que dizer do papel dos próprios escravos (ponto ao qual retornaremos) no processo abolicionista?

## Elementos imbricados

O que percebemos, no fim das contas, é que a lista dos fatores que podem ter desempenhado um papel importante no movimento pela abolição da escravidão é bastante longa e poderia crescer ainda mais (história diplomática, papel dos filósofos, ideias revolucionárias, transformações culturais etc.). A história do abolicionismo envolveu boa parte do planeta, durante quase dois séculos (do fim do século XVIII até hoje). Várias gerações de abolicionistas sucederam-se em contextos diferentes e mutáveis. Tal fenômeno não pode, evidentemente, ser atribuído a uma única causa. A partir daí, se quisermos dar conta dele, só existem, ao meu ver, duas possibilidades.

A primeira é tentar não discernir a ou as causas essenciais, mas ver como os processos se desenrolaram aqui e ali. Compreender o que aconteceu na Inglaterra e na França, mas também no Brasil, no Império Turco e em Zanzibar, e em seguida ver o que eventualmente une ou separa as histórias de cada um. Como sugeriu Max Weber, a segunda possibilidade seria se perguntar como as pessoas viam o mundo naquela(s) época(s). Estudando os fatos em detalhes, rapidamente nos damos conta de que os sábios recortes feitos pelos pesquisadores do século XX não correspondem necessariamente à maneira como os homens dos séculos XVIII e XIX viam a questão. Vejamos apenas dois exemplos.

Vamos considerar, em primeiro lugar, o caso do famoso abade Gregório (1750–1831), praticamente o único abolicionista francês a manter a chama acesa durante o Consulado de Bonaparte e o Primeiro Império (1802–1815). Como se trata de um membro da Igreja, somos tentados a dizer que seus atos tinham motivações religiosas. Ora, quando lemos seus textos, percebemos que ele não condenava a escravidão somente em nome da mensagem cristã, mas também por seu pendor a uma determinada visão do homem em geral. Sob certos aspectos, ele se aproximava dos filósofos que, na época, condenavam a escravidão a partir de uma reflexão sobre o "direito natural".

Dito isso, podemos levar a análise adiante e perguntar o que contava mais para o abade Gregório: a religião ou uma visão em parte laicizada dos direitos humanos? Por que não? A pergunta é interessante. Esse exemplo mostra que as coisas nem sempre devem ser dissociadas. Em geral, separamos o que vem da fé do que vem da razão. O abade Gregório mostra que um homem do fim do século XVIII podia, se não conciliar esses dois pontos de vista, ao menos uni-los a sua ação e a sua reflexão.

Segundo exemplo. Tendemos com frequência a considerar totalmente opostos os argumentos morais e os econômicos (ou materiais), em parte por causa de uma visão maniqueísta que opõe o bem (o espiritual e o justo) ao mal (o material e o útil). Porém, se analisarmos mais de perto o discurso de muitos abolicionistas, veremos que em geral eles condenam a escravidão por razões morais e *ao mesmo tempo* econômicas. Em especial quando indicam que a escravidão, por ser naturalmente desumana, "embrutece" os escravos, "corrompe os senhores" e entrava a economia das colônias, pois, segundo eles, o fim da escravidão geraria mais investimentos em máquinas agrícolas e os trabalhadores assalariados, mais interessados na produtividade do que os escravos maltratados, produziriam mais por um custo menor.

Hoje, o historiador que às vezes quer dar mais ênfase ou à economia ou à moral tende em geral a ver só um aspecto dessa complexa argumentação. Ele despreza assim a existência de toda uma corrente de pensamento que considera a economia a partir da moral ou pelo menos tende a relacionar as duas coisas. Uma corrente que foi deixada um pouco de lado desde a segunda metade do século XIX, mas que hoje está ressurgindo com o reforço da globalização e com os debates sobre o comércio justo, por exemplo.

Por isso me parece que, em termos históricos, e na própria história do abolicionismo em particular, devemos ser modestos e ambiciosos ao mesmo tempo. Modestos, abdicando da ideia de explicar as transformações por um pequeno número de causas selecionadas a dedo. Ambiciosos, tentando *compreender* o que aconteceu. Um objetivo que, pensando bem, é mais difícil do que aquele que consiste em selecionar e hierarquizar as causas. Na ausência de uma explicação já pronta, ele ao menos permite discernir um pequeno número de transformações essenciais e ver em que o abolicionismo foi realmente uma reviravolta.

## O abolicionismo: uma reviravolta na história mundial?

Durante muito tempo, as críticas à escravidão, por mais pertinentes que fossem, não conseguiram impressionar a consciência dos escravagistas, mas pelo menos conseguiram gerar uma mudança profunda na percepção coletiva sobre essa prática, nos comportamentos e nas leis. Isso mostra a importância da reviravolta que o surgimento da ideia abolicionista representa na história. Mas o que significa exatamente essa reviravolta?

Como a questão era vista antes

Para nos dar conta da importância da mudança, basta comparar a maneira como as pessoas viam a questão antes do surgimento do movimento abolicionista (isto é, antes da metade do século XVIII) e depois.

Antes, as pessoas debateram a escravidão e tentaram justificá-la desde a Antiguidade, o que quer dizer (como já indiquei anteriormente) que a escravidão nunca foi uma coisa óbvia. Senão por que as pessoas insistiriam em justificar uma coisa realmente "normal" ou "natural"?

De tempos em tempos, as pessoas debatiam não só a escravidão, mas também o destino do escravo. Às vezes, até tentavam melhorar suas condições de vida. Aliás, com frequência e de acordo com o interesse dos "senhores", bem entendido, diziam que escravos mais bem tratados se rebelavam menos. Como vimos, aconteceu de o Estado tentar se intrometer na relação entre senhor e escravo para não abdicar demais de seus poderes. Num Estado de direito, a escravidão induz a uma situação bastante singular, porque, podendo de fato usar e abusar de outros homens, ou mesmo matá-los, os proprietários de escravos dispunham de mais poderes do que o soberano sobre seus súditos. O que um poder superior, seja ele qual for, dificilmente pode tolerar.

O sistema escravagista sempre admitiu uma certa "folga", especialmente por meio da alforria. Que ela tenha sido amplamente praticada ou não, ou que tenha sido praticada mais em certos períodos ou em certas regiões, é algo discutível. Todavia, parece que, na longa história da escravidão, nunca existiu um sistema escravagista sem a existência concomitante da possibilidade (ao menos teórica) de sair dele, em especial pela alforria.

As pessoas pensaram e elaboraram argumentos que depois foram usados para combater a escravidão. Foi assim que, na Antiguidade, os filósofos inventaram um "direito natural" que, afinal, poderia transformar todos os homens em indivíduos iguais. Poderíamos dizer o mesmo a respeito da mensagem humanista (século XVI) e encontrar em muitos textos sagrados (a Bíblia ou o Corão, por exemplo) argumentos para criticar a escravidão.

Contudo, antes da segunda metade do século XVIII, salvo raras, temporárias e bem localizadas exceções (como a comunidade dos essênios, uma seita judia que existiu do século II a.C. ao século I d.C., em que a escravidão parece ter sido proibida), as pessoas contentavam-se em geral em se adaptar às contradições. Contradições entre um "direito natural" constituído pouco a pouco e o próprio princípio da escravidão. Contradições entre certas passagens dos textos sagrados. Contradições entre esses textos e o que chamamos de "direito das gentes", isto é, as regras não universais, mas particulares, adotadas por cada sociedade.

Portanto, durante séculos, as pessoas argumentaram, tentaram avaliar "prós" e "contras". Daí surgiram textos às vezes extremamente complicados que, no fim, deixam transparecer uma espécie de acomodação a um sistema que era difícil justificar, mas estava ali e ninguém nem imaginava que pudesse ser abolido ou pelo menos amenizado. As pessoas se empenharam em definir casos (como a casuística jesuíta) em que a escravidão podia existir. Casos, é claro, que sempre correspondiam ao contexto em que eram invocados.

## O que mudou depois

A partir da segunda metade do século XVIII tudo mudou. Pouco a pouco, é verdade. Lentamente até demais, sem dúvida. Mas mudou. Algumas vozes, primeiro isoladas, depois em maior número, ergueram-se contra a escravidão. Especialmente a de Montesquieu, em *O espírito das leis**, de 1748. Nesse texto, o filósofo acusa "em direito" a própria existência da escravidão e refuta um a um os argumentos tradicionalmente utilizados por seus defensores. Tudo com muita ironia, arma preferida dos filósofos da época.

---

### TEXTO
### Montesquieu e a refutação do direito de escravizar

Em 1748, em *O espírito das leis*, o filósofo francês Charles Louis de Secondat, barão de la Brède e de Montesquieu (1689–1755), utilizou a ironia, uma das armas prediletas do Iluminismo, para refutar o direito de escravizar.

Se eu tivesse de sustentar o direito que temos de escravizar os negros, eis o que diria [...]

Aqueles a que nos referimos são negros da cabeça aos pés e têm o nariz tão chato que é quase impossível lamentá-los. Não podemos aceitar

---

* Ed. bras.: Charles Louis de Montesquieu, *O espírito das leis* (4. ed., São Paulo, Martins, 2005). (N. E.)

que Deus, que é um ser muito sábio, tenho posto uma alma, sobretudo uma alma boa, num corpo todo negro [...]

Podemos julgar a cor da pele pela dos cabelos, que, entre os egípcios, os melhores filósofos do mundo, tinham tão grande consequência que mandavam matar todos os homens ruivos que lhes caíam nas mãos.

Uma prova de que os negros não têm senso comum é que fazem mais caso de um colar de vidro do que de ouro, que, entre as nações policiadas, tem tão grande consequência.

É impossível supormos que tais gentes sejam homens; porque, se os supuséssemos homens, começaríamos a acreditar que nós mesmos não somos cristãos.

---

Nessa época, baseando-se numa leitura própria dos textos sagrados, os quakers norte-americanos também decidiram abolir a escravidão não só em direito, mas também na prática. Eu disse uma "leitura própria dos textos", simplesmente porque esses textos são ambíguos. Selecionando passagens que correspondiam a sua percepção, os quakers foram contra a escravidão. Aproveitando a renovação espiritual no mundo protestante, que depois foi chamada de Despertar, outros logo fizeram a mesma coisa, em especial os britânicos das Igrejas novas, como a metodista. Esses exemplos mostram que, a partir de então, as pessoas fizeram escolhas, assumiram princípios. Em resumo, o tempo das contradições aceitas estava acabando.

Nesse momento – e, sem dúvida, não por coincidência – as pessoas começaram a falar e a pensar em termos de "abolicionismo", uma palavra e um conceito novos. Antes, elas falavam em emancipação, alforria, melhoria da vida do escravo. Depois, já não se tratava mais de saber se tal ou tal indivíduo poderia sair do sistema escravagista ou não. Tratava-se de lutar pela erradicação do sistema em seu conjunto. Nunca antes se imaginou tal possibilidade. Agora, tratava-se de aplicá-la numa escala mundial, já que a mensagem abolicionista se pretendeu universal desde o início. E, desde o início, tanto os britânicos como os outros também resolveram abolir a escravidão não só em suas respectivas colônias como em todo o mundo. Já que os princípios em que se baseavam os abolicionistas eram declarados universais, eles pensavam a abolição necessariamente como um processo global.

Era fácil ser abolicionista?

Sim e não. Sim, porque as pessoas que se baseiam em princípios parecem ter uma linha de ação já traçada. Não, porque o projeto abolicionista, por ser novo, ia contra muitos interesses.

Como se tratava da escravidão americana (foi por causa dela, em primeiro lugar, que surgiu o movimento abolicionista internacional), algumas pessoas imaginam hoje que foi uma tarefa fácil. Partem da hipótese de que a escravidão estava perdendo força nas Américas e que era só uma questão de pôr fim a um sistema decadente, ou mesmo moribundo. Aliás, alguns historiadores insistiram na ideia de que o antigo regime colonial estava em "crise".

Porém, todos os indicadores apontam para o contrário. Na verdade, a segunda metade do século XVIII assistiu a um crescimento espetacular do comércio de negros, isto é, de sua deportação para as Américas como escravos. Na mesma época, a produção de açúcar na parte francesa de São Domingos chegou ao auge, tornando essa ilha a maior produtora mundial de açúcar. Assistiu-se ali, como em outras partes do mundo, a uma diversificação e a um aumento da produção de outros gêneros tropicais (cacau, café etc.). Foi nessa época também que os "reformistas" coloniais disseram que se poderia incrementar ainda mais a produção amenizando um pouco as duras condições de vida dos escravos.

Enfim, como mostrou recentemente o historiador franco-canadense Pierre Boulle, foi nessa mesma época que o racismo contra os negros foi introduzido na França metropolitana – por meio dos fazendeiros das ilhas, mas também por uma realeza cada vez mais preocupada em evitar "a corrupção do sangue", isto é, a miscigenação. Esse racismo ainda não atingia a França "popular", mas ganhou parte das elites.

No geral, foi no momento em que o tráfico bateu todos os recordes, a economia colonial escravagista se fortaleceu e as teses racistas começaram a ser difundidas mais claramente em algumas metrópoles europeias, que homens e mulheres resolveram abolir a instituição escravagista como tal. O mínimo que se pode dizer é que eles não escolheram um momento particularmente fácil para isso.

## Às vezes não se diz que os abolicionistas eram hipócritas?

### Um ataque contra o Iluminismo

Trata-se, na verdade, de uma crítica contra os filósofos do Iluminismo, esse grande movimento intelectual da segunda metade do século XVIII do qual fizeram parte Diderot, d'Alembert, Montesquieu e Rousseau. Enquanto na Inglaterra os filantropos se ergueram contra a escravidão em parte por motivos religiosos, na França foi em geral o livre exercício de uma razão amplamente laica que levou alguns pensadores a fazer o mesmo.

Contudo, trinta anos antes, os iluministas começaram a ser criticados na França. Alguns os acusaram de ir longe demais e de ser responsáveis por uma Revolução Francesa que degringolou rapidamente. A essas críticas de parte da direita somaram-se as críticas de parte da esquerda, que censuraram os filósofos por não ir longe o suficiente e, apesar de condenar a escravidão, não lutar para que sua erradicação fosse imediata (ver "Debate", p. 141).

Os ataques mais fortes tenderam a tachá-los de hipócritas ou de homens incapazes de pensar a igualdade entre homens de cor diferente. Como uma coisa puxa a outra, todo o movimento abolicionista, visto por alguns como cauteloso demais, acabou desacreditado. Para completar, ainda diziam que muitos filósofos tinham interesse no comércio de escravos. Acusações que evidentemente os iluministas não podiam refutar e que, no fundo, não tinham nenhuma base séria.

## Um projeto realmente radical, mas um método reformista

O que esquecemos nessa questão é que filantropos e filósofos estavam à frente de seus contemporâneos em seus conceitos e que contribuíram para, pouco a pouco, mudar a opinião pública. A verdade é que os abolicionistas não eram revolucionários que queriam virar o mundo de pernas para o ar. Condorcet, por exemplo, achava que podia acabar totalmente com a escravidão com um processo de alforrias parciais complexo (em função da idade, do sexo...) em 77 anos. Mas será que podemos censurá-los e julgá-los pela perspectiva que temos hoje? Cada um decidirá por si próprio. O objetivo do historiador, em todo caso, é valorizar a originalidade do projeto abolicionista, que foi ao mesmo tempo radical e reformista.

Radical pelo próprio fato de ser uma novidade, como já dissemos, e pelo objetivo que tinha de acabar definitivamente com um sistema escravagista condenado em sua própria essência. Reformista pelo método escolhido, isto é, não uma abolição imediata, mas um processo ordenado. E isso por várias razões.

## Por que escolher um caminho reformista?

De um lado, para evitar tensões e tumultos que, segundo se acreditava, poderiam ocorrer com a libertação imediata de centenas de milhares de escravos (em 1789, havia quase 500 mil escravos para cerca de 40 mil brancos na parte oeste de São Domingos). De outro, para não provocar uma desordem muito grande na economia, o que em geral vinha em segundo plano para os abolicionistas autênticos. Para eles, a questão principal era, na verdade, de princípio. Assim, até o argumento do direito de propriedade (segundo o qual os escravos são propriedade legal de seus "senhores") foi rejeitado nos verbetes "tráfico negreiro" e "escravidão" da famosa *Enciclopédia* (1751–1772) de Diderot e d'Alembert, embora esse direito seja o único considerado "sagrado" na Declaração dos Direitos do Homem e do Cidadão (26 de agosto de 1789).

Apesar de serem profundamente reformistas e apegados à ideia de uma abolição gradual da escravidão, os abolicionistas queriam convencer as pessoas e, para isso, estavam dispostos a fazer concessões táticas. Assim, eles admitiam em geral a ideia de que os colonos recebessem uma indenização pela libertação dos escravos que haviam comprado e eram legalmente de sua propriedade. Com exceção dos fazendeiros do Velho Sul dos Estados Unidos, onde a escravidão foi abolida depois que os estados do Norte ganharam a Guerra de Secessão, a maioria dos proprietários de escravos do continente americano recebeu, no momento da abolição, uma compensação: por concessão de dinheiro ou de trabalho (o antigo escravo deveria continuar trabalhando para seu antigo "senhor" por um tempo determinado); por doação de um lote de terra; pela implantação de direitos cujo intuito era proteger a produção tropical da concorrência estrangeira, agora que era feita por homens livres e assalariados; ou por uma combinação desses vários modos.

Na França, mesmo os abolicionistas mais engajados fizeram essa concessão, mas deixaram claro que preferiam falar de "ressarcimento", em vez de "indenização", para não se desviar da ideia de que, mesmo legalmente reconhecido, o direito de propriedade exercido pelos "senhores" sobre seus escravos era intrinsecamente ilegítimo.

Cyrille Bissette, mulato da Martinica, foi durante muito tempo um ferrenho opositor da "indenização" dos fazendeiros; mas acabou aderindo a ela em 1848, por ser dos males o menor. "Como a liberdade do homem é, para mim, o único direito absoluto, o princípio dominante, lutei contra a indenização", escreveu na *Revue des Colonies* [Revista das Colônias] (de junho de 1848). E acrescentou: "Todavia, assim como disse em outro artigo, como o direito rigoroso não deve ser o único consultado, e evidentemente a emancipação empobrecerá os ex-senhores, reclamarei uma transação judiciosa como exigida pelo interesse geral".

Apesar de não transigir nos princípios que consideravam justos, os abolicionistas estavam dispostos a negociar para fazer a causa avançar num mundo onde certamente ela ainda não estava ganha. Além do mais, para eles, os escravos não estavam preparados para uma abolição imediata e total. Não por incapacidade intrínseca (essa era a posição dos escravagistas, que achavam que os negros nunca se "assemelhariam" aos brancos), mas porque, segundo os abolicionistas, por sua própria desumanidade, a escravidão tendia a "embrutecer" suas vítimas e, ao mesmo tempo, a corromper os "senhores". "Falam da estupidez dos negros nas colônias", escreveu Victor Schoelcher no livro *Abolition de l'esclavage* [Abolição da escravidão], de 1840, mas "esse não é o produto da escravidão, e a escravidão não tem esse resultado em qualquer lugar onde exista? [...] Os brancos, mesmo da Europa, não sentem os mesmos efeitos?" (o autor referia-se aos "servos russos, poloneses e valáquios"). E conclui: "A escravidão embrutece brancos e negros, essa é a verdade. Queremos demonstrar, portanto, que a pretensa pobreza intelectual dos negros é um erro criado, mantido e perpetuado pela escravidão". "O trabalho forçado, o trabalho sem salário, o trabalho a chibatadas não moraliza", escreveu por sua vez Guillaume de Felice, outro abolicionista francês; esse tipo de trabalho "avilta e embrutece" (*Emancipation immédiate et complète des esclaves* [Emancipação imediata e completa dos escravos], de 1846).

Os escravagistas achavam que o negro era "naturalmente" inferior ao branco e que nada mudaria isso. Os abolicionistas, ao contrário, tinham convicção da igualdade natural entre todos os homens. Entretanto, como dizia Condorcet, alguns precisavam ser ajudados para progressivamente se tornarem cidadãos incondicionais, porque eram fracos, jovens demais, doentes ou vítimas da escravidão.

Então, o "aprendizado", ou seja, o período de transição em que o antigo escravo deveria permanecer sob algum controle, foi pensado pelos abolicionistas não como um sistema de exclusão definitivo, mas como um meio de permitir uma integração gradativa. Mais uma vez, podemos concordar com isso ou não. O que interessa aqui é entender como os abolicionistas viam o mundo. E é impossível avaliar corretamente essa visão se esquecermos o casamento entre a mensagem radical e o método reformista.

Aliás, notaremos que em vários países, no fim do processo que levou à proibição legal da escravidão, os abolicionistas abandonaram o programa de abolição gradual e exigiram a abolição imediata da escravidão. Essa mudança para o "imediatismo", como dizem os pesquisadores, ainda não foi muito bem esclarecida. Acredita-se que pode ser explicada pela união de vários fatores: a impaciência cada vez maior dos abolicionistas por causa das resistências que encontraram e da lentidão do processo; a sensação, apesar de tudo, de que tinham chegado ao limite (na França, a abolição em 1848 foi claramente beneficiada pela Revolução e pela instauração da Segunda República); e o surgimento de abolicionistas mais engajados.

## Podemos relacionar o abolicionismo à democratização?

### O papel da opinião pública

Seria igualmente impossível compreender o abolicionismo se não o relacionássemos ao processo de democratização das nossas sociedades. Um processo de longa duração que pode ter tido origens medievais, ou mais antigas ainda, mas só se acelerou e se consolidou realmente a partir da segunda metade do século XVIII.

Antes disso, tínhamos sociedades de ordem (nobreza, clero e terceiro estado), nas quais o indivíduo era antes de tudo um súdito diante de seu soberano. Ele era fortemente regulado por essa ordem, mas também por sua aldeia, por sua paróquia ou ainda pela corporação profissional a que pertencia. Antes mesmo da Revolução Francesa, porém, o indivíduo começou a libertar-se dessa regulação. Surgiu uma "opinião pública".

Com uma influência inegável, é verdade. Não havia na França, por exemplo, algo equivalente ao direito de petição concedido aos cidadãos britânicos desde 1679. Além disso, havia uma diferença entre os protestantes (ingleses) e os católicos (majoritários na França): os primeiros estavam acostumados a formar um julgamento próprio a partir da leitura livre e pessoal da Bíblia; os segundos estavam mais submetidos à autoridade "central" do papa. Essa diferença certamente fez aumentar a distância entre uma Inglaterra peticionária e uma França que por muito tempo foi mais elitista em relação à participação política da população. Contudo, como a opinião pública tendeu a se fortalecer em todo o mundo (de uma maneira ou de outra) e as ideias começaram a circular com mais facilidade, o abolicionismo como movimento tornou-se possível.

## Mobilizar forças, convencer os Estados

Desde o início, esse "movimento abolicionista" (que podemos distinguir da "doutrina abolicionista") esteve ligado a formas de sociabilidade (clubes, academias, círculos...) e de mobilização (jornais, abaixo-assinados, porta a porta, assembleias...) que na Inglaterra arregimentou muitas mulheres.

Assim, uma historiadora escreveu que o abolicionismo britânico se valeu das mulheres e, em troca, favoreceu sua emancipação gradual. Esse exemplo mostra a existência de conexões entre abolicionismo e democratização. Outras relações dizem respeito ao próprio processo de abolição do comércio de escravos e depois da escravidão propriamente dita. Na Europa, o que se fez não foi baixar decretos, mas realizar debates nas assembleias entre os diferentes grupos de pressão: debates que eram arbitrados pela opinião pública e por um Estado que assim se tornava cada vez mais regulador. Isso num momento em que a democracia parlamentar começava a entrar nos eixos.

Esses fenômenos especificamente europeus (ao menos da parte ocidental do continente) também são encontrados nos Estados Unidos, em especial depois da enorme campanha que se seguiu à publicação do livro de Harriet Elizabeth Beecher Stowe, *A cabana do pai Tomás*\* de 1851. Porém, foi preciso uma terrível guerra civil (a Guerra de Secessão, de 1861 a 1865) para acabar com a escravidão (mas não com a segregação). Já nas outras regiões do mundo, onde esse processo de democratização estava mais atrasado e a opinião pública demorou a aparecer, não houve realmente um movimento abolicionista, com associações, campanhas de mobilização etc. Essas formas de mobilização caracterizam o abolicionismo ocidental.

## TEXTO
### A cabana do pai Tomás (1851)

Nesse romance, que se destinava a combater a escravidão nos Estados Unidos, Harriet Elizabeth Beecher Stowe conta a história de um escravo, Tomás, quase morto a pancadas por seu "senhor", porque se negara a ser capitão do campo numa plantação de algodão. No capítulo intitulado "O armazém de escravos", a autora traz à tona o horror que havia na banalização do comércio humano, bem como a contradição fundamental entre a escravidão e a mensagem cristã.

Um armazém de escravos! Talvez só essa denominação já evoque visões horríveis na mente de alguns de meus leitores, [...] mas não se iluda, inocente amigo! Nos dias de hoje, os homens descobriram a arte de pecar com decência e habilidade, de modo que não cause revolta numa sociedade respeitável. A mercadoria humana tem boa cotação no mercado, por isso é bem alimentada, bem cuidada [...]. Um armazém de escravos, em Nova Orleans, é uma casa de aparência bastante semelhante a qualquer outra bem conservada [...]. Você será

---

\* Ed. bras.: Harriet Elizabeth Beecher Stowe, *A cabana do pai Tomás* (trad. Herberto Sales, São Paulo, Ediouro, 2002). (N. E.)

educadamente convidado a entrar e examinar a mercadoria. Ali encontrará em abundância maridos, mulheres, irmãos e irmãs, pais, mães e crianças pequenas, "à venda separadamente ou em lotes", ao gosto do freguês. Essa alma imortal, salva pelo sangue e pela agonia de um Filho de Deus, nessa hora misteriosa em que a terra tremeu, as rochas fenderam e as tumbas se abriram, essa alma é vendida, alugada, hipotecada ou trocada por especiarias e outros valores do gênero, segundo a posição comercial ou a fantasia do comprador [...]. Desde o momento em que o negro é vendido no mercado do Norte até que chegue no Sul, seu dono se dedica a adestrá-lo. Todos os seus esforços têm em vista endurecê-lo e embrutecê-lo.

## Só houve abolicionismo no Ocidente?

Quer dizer que só houve abolicionismo no Ocidente? Sim e não. O abolicionismo como movimento de opinião (ou de elites), com o intuito de dobrar a ação do Estado por intermédio de um processo democrático, foi, sim, relativamente específico não do mundo ocidental, mas de parte dele.

Isso não impediu a existência de debates sobre a legitimidade ou não da escravidão em outras partes do mundo. Houve debates, por exemplo, desde a Idade Média no vasto mundo muçulmano. A questão também foi discutida na África negra. A Ásia não ficou atrás. Mas podemos chamar esses debates de abolicionistas? Sim, se eles discutiam realmente a questão da extinção do sistema escravagista. Não, se eles apenas indagavam o que podia ou não ser legítimo na escravidão, um pouco como se fazia na Europa antes da segunda metade do século XVIII. Entre a acusação do próprio princípio de escravidão e os intermináveis debates casuísticos, existe, a meu ver, uma diferença de natureza. O debate, porém, continua aberto.

## Os escravos contribuíram para a sua libertação?

Sem dúvida nenhuma. Desde a Antiguidade, como vimos, os escravagistas sempre tentaram negar a condição humana dos homens de quem queriam usar e abusar como bem entendessem. Para eles, a questão era muito simples: se os escravos não se revoltavam, era por serem "naturalmente" mansos e inferiores aos seus senhores. Se, ao contrário, eles se revoltavam, era por serem movidos por impulsos selvagens ou até animalescos. Seja como for, o escravo era rebaixado a uma espécie de humanidade inferior.

### Resistências passivas e ativas

Sabemos hoje que, sempre e por toda parte, os escravos tentaram resistir. Como às vezes os historiadores são prisioneiros do modelo criado pela luta revolucionária, alguns tendem a contrapor dois tipos de resistência. De um lado, as resistências chamadas "passivas"; de outro, as resistências qualificadas de "ativas". As primeiras agrupam ações de indivíduos que não fazem uso direto da violência. As segundas remetem a movimentos mais coletivos e violentos. "Greve de ventre" (não ter filhos que viessem, por sua vez, a ser escravos), trabalho malfeito, faltas, fugas (que eram chamadas de "*marronnage*" nas colônias francesas na América) constantes ou definitivas são exemplos de casos de resistência "passiva". A revolta organizada, ao contrário, é "ativa".

Essa distinção não me parece necessariamente pertinente. Por pelo menos duas razões. A primeira é que, violenta ou não, individual ou coletiva, qualquer forma deliberada de resistência por parte de um escravo é digna de ser reconhecida. Ela revela, na verdade, a capacidade do escravo de escapar do tacão ideológico que o "senhor" tenta lhe impor. Dizer que algumas formas de resistência são passivas e outras são ativas leva forçosamente à desvalorização das passivas.

A segunda razão é que as formas de resistência mais espetaculares não são necessariamente as mais eficazes. Grandes revoltas violentas (porém raras) podem ser menos perigosas para os escravagistas do que múltiplos atos que no dia a dia atrapalham seus projetos e provocam medo, ou até pavor, como a fobia de envenenamentos ou incêndios que tomou conta de muitos fazendeiros americanos.

## Poucas grandes revoltas

Em relação às revoltas propriamente ditas, as grandes, as que abalaram o sistema escravagista, foram pouco numerosas. Houve uma que durante anos incendiou a região do baixo Iraque, no século IX da nossa era: acredita-se que fez no mínimo 500 mil vítimas. Foi obra de escravos negros concentrados em grande número na região para adequar a terra ao cultivo. É conhecido também o movimento liderado pelo gladiador Spartacus, na época romana, que arruinou o exército enviado por Varo, procônsul da Gália cisalpina.

O último exemplo é a grande revolta desencadeada em São Domingos na noite de 22 para 23 de agosto de 1791, que também provocou um enorme massacre. Nem os exércitos da Revolução nem o exército despachado por Napoleão Bonaparte e comandado por seu cunhado, o general Leclerc, conseguiu debelá-la. Foi desse modo que surgiu em 1804, na ilha que depois se chamaria Haiti, a primeira república negra independente da história.

Na verdade, essa foi a única grande revolta de escravos da história coroada de sucesso. Todas as outras foram duramente reprimidas. No médio prazo, porém, elas tiveram impacto: o número de escravos agrupados no baixo Iraque diminuiu depois do século X, sem dúvida por precaução. E em Roma, depois de Spartacus, tentaram reduzir a tensão entre senhores e escravos.

## Uma resposta hábil: o paternalismo dos senhores

Conscientes do perigo, os senhores de escravos sempre penderam a tentar diminuir essa tensão. Ou dividindo os escravos, mandando vir gente de regiões ou países diferentes, ou concedendo a alguns um *status* superior ao dos outros, ou até posições de comando. Por isso a maioria dos historiadores considera que nunca existiu uma "classe" de escravos e estes raramente formavam um grupo homogêneo e unido. Por isso houve muitas revoltas entre os servos e relativamente poucas entre os escravos, como lembra o antropólogo Claude Meillassoux.

Outra maneira de diminuir a tensão e, portanto, o risco de uma explosão era deixar uma "folga" no sistema, isto é, pequenos espaços de liberdade ou de relativa autonomia: conceder ao escravo um pedacinho de terra para cultivar, oficializar um casamento etc. Esse aparente "paternalismo" (que vinha acompanhado de uma vigilância constante e de uma repressão feroz em caso de resistência) também servia para fazer frente às críticas dos abolicionistas. Os fazendeiros do sul dos Estados Unidos, por exemplo, gostavam de se apresentar como "bons senhores" e falar da escravidão como "doméstica" e "familiar".

## A alforria

A alforria, como já dissemos, parece ter sempre existido como possibilidade de sair da escravidão. Contudo, a visão que temos dela é muitas vezes a que herdamos dos "senhores". A alforria é apresentada em geral como a sanção legal, oficial, da decisão de um "senhor" de libertar seu escravo. Como um sinal de boa vontade e um fenômeno definitivo no qual o escravo não tinha nenhuma participação.

Ora, isso precisa ser revisto. Na maioria dos casos, o escravo alforriado era, na verdade, um indivíduo próximo do seu "senhor", alguém que lhe fez favores ou a mulher com quem ele teve filhos. O alforriado também podia ser uma pessoa de quem o "senhor" queria se ver livre, porque era um mau exemplo para os outros; mas isso era mais raro, porque nesse caso o "senhor" preferia vendê-lo a alforriá-lo. Em resumo, o escravo alforriado era aquele que, por uma razão ou por outra, tinha alguma intimidade com o seu "senhor". A alforria aparece então como uma consequência dos laços que o escravo soube estabelecer com seu dono. Apesar de evidentemente ser este que decidia ou não alforriá-lo, o escravo também tinha o seu papel no processo que levava à alforria.

Outra constante: era muito raro que a alforria fosse totalmente desinteressada e o rompimento com o escravo fosse completo. O alforriado podia de fato comprar sua liberdade com um pecúlio lentamente acumulado. Mesmo quando isso não acontecia, vimos que o senhor sempre tinha (boas) razões para conceder a alforria. Enfim, o escravo liberto muitas vezes continuava sendo "freguês" de seu antigo "senhor". Às vezes lhe prestava um certo número de serviços bem definidos.

Também não podemos esquecer que a "mácula" servil, isto é, a recordação degradante da escravidão, persistia depois da alforria. Foi o caso, evidentemente, dos escravos negros da América colonial, que muito tempo depois do fim da escravidão continuaram a sofrer discriminação. Isso acontecia também na Roma antiga, onde, mesmo não existindo preconceito de cor, em geral só na segunda geração ou depois é que a recordação da escravidão era esquecida e os novos homens livres eram mais ou menos reconhecidos como cidadãos iguais aos outros.

Buscada pelo escravo, mas consentida pelo senhor, e em geral por interesse, a alforria era resultado de uma "negociação" e ao mesmo tempo um instrumento de dominação.

## Resistências e abolição

Isso nos leva à questão dos limites da resistência dos escravos. Como a esperança de sair do sistema era pouca (revoltas duramente reprimidas), exceto para alguns (fuga ou alforria), muitos escravos tiveram de se conformar em bem ou mal viver na escravidão e tentar obter algumas regalias no dia a dia.

Na América colonial moderna, formaram-se comunidades (algumas vezes grandes) de escravos fugidos, como no Brasil e no Caribe, e houve guerras sangrentas contra o poder colonial, como no Suriname. Em outras ocasiões, como na Jamaica inglesa, essas comunidades lutaram contra outros escravos fugidos para obter dos fazendeiros, como contrapartida, o reconhecimento mais ou menos oficial de sua autonomia.

Nem todas as formas de resistência, portanto, tinham necessariamente o objetivo de acabar com o sistema escravagista como um todo. Antes do século XVIII, elas visavam sobretudo libertar o próprio indivíduo.

Depois os escravos e os abolicionistas estabeleceram vínculos entre si? E em caso afirmativo, que influência eles tiveram? É difícil saber, porque essa questão nunca foi estudada. Alguns pesquisadores se interessaram pela história do abolicionismo ocidental e da resistência dos escravos, mas nunca tentaram relacioná-las realmente.

O que podemos dizer com certeza é que a maioria dos abolicionistas europeus pensaram a abolição sem nem cogitar pedir a opinião dos escravos. O slogan mais famoso da propaganda abolicionista inglesa não era: "Não sou um homem e um irmão?", dito por um escravo ajoelhado, rogando às boas almas brancas?

Não há dúvida, porém, de que em certas ocasiões os abolicionistas foram ajudados e estimulados em sua obra por antigos escravos que se tornaram adeptos fervorosos do abolicionismo, como o célebre Olaudah Equiano, cujas memórias publicadas em 1788 foram famosas em sua época. Quando morreu, em 1797, aos 52 anos, ele deixou boa parte de seus bens para a Companhia de Serra Leoa, que se destinava a instalar os escravos libertos nesse país. Antes da Guerra de Secessão, outros ex-cativos ajudaram a organizar o Underground Railroad (Rede Ferroviária Subterrânea), cujo objetivo era facilitar a fuga de escravos rumo ao norte dos Estados Unidos, onde a escravidão tinha sido abolida. Enfim, algumas revoltas ocorreram pouco antes da decisão da metrópole de abolir a escravidão. Podemos pensar que seu objetivo não era permitir a fuga de alguns escravos, mas influenciar o processo abolicionista e tentar acelerar o movimento.

## A luta pelos direitos humanos é devedora do abolicionismo?

Como analisar a comunhão de inspirações entre abolicionismo e movimento pelos direitos humanos? Podemos dizer que o abolicionismo, tal como se desenvolveu na Europa e nas Américas antes de ser exportado para outras partes do mundo, foi o primeiro movimento internacional a favor dos direitos humanos de toda a história da humanidade, pois os abolicionistas não se contentaram em conseguir leis de abolição da escravidão em seus respectivos países. Desde o início, eles consideraram que sua luta tinha uma dimensão universal.

Por que o abolicionismo foi uma luta de dimensão universal?

O abolicionismo foi internacionalista por várias razões. Como os princípios sobre os quais se fundava tinham um alcance universal, considerou-se desde o início que eles deveriam ser aplicados em todo o mundo, especialmente abaixo dos trópicos, portanto além da Europa.

O abolicionismo desenvolveu-se graças a uma verdadeira internacional, que ainda não foi estudada em detalhes: quakers norte-americanos influenciaram ingleses; suíços, como Necker e Clavière, tiveram um papel importante no abolicionismo francês de antes de 1789; escandinavos, como o sueco Wadström, viajaram pela África e difundiram em vários países suas obras a favor da abolição da escravidão.

Quando o comércio de escravos (tráfico negreiro) começou a ser abolido, o tráfico ilegal ainda persistiu. De um lado, porque a escravidão, isto é, a possibilidade de utilizar escravos, só foi abolida depois e a demanda de escravos continuou mesmo com a extinção do tráfico negreiro. De outro, porque ainda existiam comerciantes de escravos na África; enfim, porque, tornado ilegal e perigoso, o tráfico negreiro era suscetível de recompensas ainda maiores.

Para acabar com esse tráfico ilegal, a Grã-Bretanha tentou obter a assinatura de acordos bilaterais com outros países. Os Estados envolvidos nesses acordos podiam mandar navios de guerra verificar se navios mercantes estavam fazendo comércio ilegal. Esse "direito de visita" foi uma novidade fundamental. Antes, ele só existia em tempos de guerra para verificar navios de países neutros. Sua oficialização em tempos de paz causou muitos problemas, mas permitiu acabar com o tráfico. Com isso, os Estados mostraram que eram capazes de superar suas diferenças e aliar-se por uma causa relativa aos direitos humanos.

Outros acordos internacionais foram assinados. O Tratado de Berlim (1885), que oficializou o início de uma espécie de divisão da África negra entre os países europeus, comprometeu os Estados signatários a lutar contra a escravidão nos territórios ocupados por eles. A Sociedade das Nações (SDN), cujo objetivo era garantir a segurança coletiva no período entre as duas guerras mundiais, também se envolveu várias vezes na questão da escravidão, assim como na do chamado trabalho forçado nas colônias europeias na África. Várias declarações de caráter universal foram feitas pela Organização das Nações Unidas (ONU), após 1945.

Três grandes etapas

Assim, várias etapas foram transpostas em aproximadamente dois séculos. O processo começou por uma internacional abolicionista, sustentada por contatos entre indivíduos e sociedades (como a Sociedade Francesa dos Amigos dos Negros, fundada em 1788) ou clubes, que sob certos aspectos poderiam figurar como ancestrais das atuais Organizações Não Governamentais (ONG). Depois, no século XIX, veio a época dos acordos entre diferentes Estados. Por último, no século XX, vieram os documentos de alcance verdadeiramente mundial por meio da implantação de organismos de vocação internacional (SDN, ONU).

## O abolicionismo facilitou ou atrapalhou a colonização?

O abolicionismo não conduziu algumas vezes à colonização? Esta é uma ideia veiculada com frequência: a abolição da escravidão nas Américas levou à colonização da África negra, a fim de recuperar por outros meios os benefícios da escravidão então condenada. Como sempre, as coisas são mais complicadas do que imaginamos.

### Os abolicionistas não eram necessariamente anticolonialistas

Os abolicionistas queriam substituir um comércio injusto – o tráfico negreiro, que consistia em trocar homens por mercadorias – por um comércio que eles chamavam de "legítimo", que consistia em trocar mercadorias ocidentais por produtos vindos da África. Acreditavam que as colônias da América poderiam subsistir com o trabalho livre e assalariado, e que se poderiam estabelecer e desenvolver agências de comércio na costa da África negra. "Agências", porque, no fim do século XVIII, nenhum abolicionista imaginava uma colonização no sentido que entendemos hoje, isto é, passar territórios inteiros para o domínio político de outros Estados.

### A ideia da "cruzada" africana

Segundo elemento. No momento em que o tráfico negreiro através do Atlântico desapareceu nos anos 1860, exploradores ocidentais começaram a percorrer a África negra. Suas narrativas contribuíram para criar a imagem de uma escravidão de grande extensão, que em alguns casos avançava de maneira espetacular e resultava em crimes terríveis. Em geral, estigmatizavam os "árabes" e caíam num anti-islamismo sistemático. Foi então que, em 1888, o cardeal Lavigerie lançou a ideia de uma "cruzada" africana para intervir no continente negro e acabar com a escravidão. E isso, com a bênção do papa Leão XIII, que provavelmente estava preocupado em recuperar o atraso dos católicos em relação aos protestantes na luta contra a escravidão.

Podemos dizer então que os abolicionistas forneceram argumentos a favor, se não da colonização, ao menos de uma intervenção armada na África negra. Por razões análogas, os ocidentais, em especial os ingleses, intervieram também no Oriente Médio e no oceano Índico (Zanzibar) por meio de pressões diplomáticas.

## Distinguir "causas" de desculpas

As potências ocidentais realmente colonizaram a África negra apenas para lutar contra a escravidão? É difícil de acreditar nisso. Múltiplas razões são aventadas hoje para explicar esse fenômeno, entre elas, a ascensão dos nacionalismos na Europa nos anos 1880, a concorrência entre as grandes potências e o desejo de amealhar quilômetros quadrados e milhões de habitantes.

No geral, o abolicionismo permitiu sobretudo argumentos para os que desejavam a colonização por outros motivos e assim alimentou a ideia da "missão civilizadora" da República francesa. Que as ideias sejam roubadas e utilizadas por outros é uma coisa. Que elas sejam a origem de um fenômeno como a colonização é outra. "Causas" e desculpas às vezes parecem se confundir, mas é preciso olhar isso mais de perto.

## Os colonizadores realmente lutaram contra a escravidão na África?

Sim, mas de uma maneira ambígua. No início, eles não tinham nenhuma razão para tolerar a existência de uma escravidão que seus

Estados tinham tentado abolir em outras partes do mundo. Muitos administradores quiseram ir nesse sentido. Assim, a escravidão em geral retrocedeu.

Contudo, os colonizadores também tiveram em geral de se apoiar nas elites locais para consolidar seu poder. Ora, uma parte dessas elites utilizava a escravidão. Por outro lado, quando os colonos quiseram passar para a fase do "cultivo da terra", eles precisaram de mão de obra local. Recorreram, então, ao que se chama eufemisticamente de "trabalho forçado". Para justificar o que às vezes se assemelhava à escravidão (e suscitou inúmeras investigações por parte da SDN), alegaram que esse trabalho forçado se parecia, na verdade, com a escravidão tradicional africana, a qual se apressaram em classificar de "branda".

Antes da colonização, a escravidão africana era apresentada como uma coisa particularmente sinistra. Alguns anos depois, a mesma escravidão tornou-se uma instituição "tradicional", absolutamente benigna. Esse exemplo mostra como a representação de um mesmo fenômeno pode mudar em apenas algumas décadas.

## A luta contra a escravidão acabou?

### A escravidão ainda existe

A luta ainda não acabou. Como vimos, a escravidão existe até hoje, sob suas formas antigas, mas também sob feições novas. Também mencionamos o fato de que a maneira de definir a escravidão nos documentos internacionais (como os da ONU) mudou com o tempo. Ela é bastante flexível e abrange cada vez mais situações. Assim, segundo um documento de 1956, o casamento forçado também tem a ver com a escravidão. O que é compreensível. Com o avanço dos direitos humanos, o limite de tolerância em relação ao arbitrário diminui. E ninguém lastima esse fato, muito pelo contrário. Todavia, quando olhamos para o passado, ele nos obriga a lembrar que nossos antepassados não tinham necessariamente as mesmas concepções que nós (se fosse assim, a maioria das esposas dos grandes senhores ou dos soberanos teria sido declarada escrava, o que seria totalmente incompatível com sua posição). Evitar interpretar o passado à luz do que é "normal" hoje é evitar o que chamamos de anacronismo.

No geral, os efeitos da persistência de formas antigas de escravidão se acumularam àqueles ligados às atuais transformações e à ampliação das definições oficiais da escravidão. Nessas condições, fica fácil entender por que podemos dizer hoje que existem milhões de "escravos" em todo o mundo.

## Como prosseguir a luta

Por outro lado, frisamos mais uma vez que, graças aos esforços realizados nos últimos dois séculos, hoje não existe mais nenhum país no mundo onde a escravidão seja oficialmente autorizada e admitida. É verdade que isso é relativamente recente: foi preciso esperar até 1985, por exemplo, para que a escravidão fosse solenemente proibida na Mauritânia (depois de várias outras leis que se revelaram impotentes). Outro exemplo: no Paquistão, só em 1975 e em 1992 foram promulgadas as leis que aboliram a escravidão por dívida.

Indiretamente, porém, isso cria outras dificuldades. Agora é preciso lutar contra práticas clandestinas, portanto dissimuladas, cuja existência alguns Estados se recusam a reconhecer. Infelizmente, recuperar a liberdade não resolve todos os problemas. "Sou o chefe da família", diz hoje um nigeriano. "Na casa do meu senhor, eu trabalhava dia e noite, sem descanso [...]. No momento em que senti que não podia mais aguentar, fui o primeiro a fugir para ter de volta a minha liberdade. Depois de ter encontrado abrigo em Abalak, voltei para buscar minha mulher e meus filhos. Agora, nós estamos passando por enormes dificuldades para nos manter, porque, desde que existimos, não ganhamos nada que fosse nosso." Citado por Moustapha Kadi Oumani, esse testemunho poderia ser aplicado a muitos escravos da história.

Hoje, assim como no século XVIII, associações e voluntários mobilizam-se. Assim como no século XIX, ações "humanitárias" são realizadas algumas vezes. Assim como no século XX, organismos internacionais assumem posições sobre o assunto. Em resumo, o arsenal de meios utilizados parece ser o mesmo do passado – sinal de que nossos antepassados não refletiram tão mal sobre a questão.

O passado também nos ensina que foi por uma repressão rigorosa que o comércio de escravos no Atlântico teve fim e que esse fim foi contemporâneo de um processo de democratização e de desenvolvimento econômico. Mais rigor, mas também mais democracia (o que passa também pela educação) e mais bem-estar econômico: talvez sejam esses os elementos necessários para a erradicação do que chamamos hoje de escravidão.

## DEBATE
### O abolicionismo é de direita ou de esquerda?

Poucos anos atrás, essa questão ressurgiu durante uma discussão na Assembleia Nacional [francesa]. Em que a história pode nos esclarecer sobre tal assunto?

No que diz respeito à França, podemos dizer que os primeiros abolicionistas (Brissot, Condorcet etc.) pertenceram ao "partido" girondino, isto é, à ala liberal e moderada, favorável aos princípios da Revolução de 1789. Os montanheses (a "esquerda") tomaram o poder em seguida, após o golpe de Estado de 2 de junho de 1793. Embora às vezes se dividissem nessa questão (Robespierre parecia ser contra a escravidão, mas defendia a prosperidade nacional que alguns acreditavam estar ligada ao comércio colonial, portanto às colônias escravagistas), eles aboliram a escravidão pelo decreto de 4 de fevereiro de 1794 (mas ela foi restabelecida em 1802 por Napoleão Bonaparte, primeiro-cônsul). Ao mesmo tempo, cassando os antigos girondinos, eles contribuíram para o fracasso do primeiro movimento abolicionista francês. Sob a Restauração (1814–1830) e a Monarquia de Julho (1830–1848), os abolicionistas se encontravam entre os liberais e os progressistas, mas às vezes também entre os monarquistas mais convictos.

Na Suíça, os abolicionistas da segunda metade do século XIX eram em sua maioria "liberais conservadores". Como se trata de um partido que corresponde a uma época e a um lugar, seria difícil lhe dar um sentido geral e atual a partir do seu nome. Mas ele resume muito bem quem eram muitos dos abolicionistas europeus: homens de "progresso" para a sua época, porque em geral estavam à frente de seus concidadãos na questão da escravidão, mas que também desejavam servir a uma determinada ordem social. Assim, muitos abolicionistas militaram não só contra a escravidão, mas também contra o alcoolismo, a prostituição e a pobreza. Portanto, o abolicionismo não foi nem de direita nem de esquerda.

ZOOM
## Religião e abolicionismo

Qual foi o papel da religião na história do abolicionismo? É verdade que os protestantes estavam à frente dos católicos nessa questão?

Poderíamos dar uma resposta vaga à segunda pergunta. De um lado, é de fato incontestável que, no século XVIII, os primeiros a realmente se mobilizar a favor da abolição da escravidão foram os quakers norte-americanos e os seguidores ingleses dos diversos movimentos protestantes evangélicos. É igualmente verdadeiro que, na França, na Suíça e no norte da Europa, os protestantes foram particularmente ativos dentro dos movimentos abolicionistas, tanto no século XVIII como no século XIX.

De outro, as nações protestantes participaram tão ativamente do tráfico de seres humanos e da escravidão quanto seus homólogos católicos. E, depois, nenhuma nação protestante esteve perto da linha de frente do combate abolicionista. É só pensar nos Países Baixos, por exemplo, onde nunca houve um verdadeiro movimento abolicionista.

Enfim, uma análise mais refinada mostra que, em matéria de religião, não foi o tipo de crença que teve algum papel no abolicionismo. Foi uma certa sensibilidade. Foi o fato de essas pessoas quererem transformar o que consideravam errado no mundo, ao invés de se acomodar, enquanto esperavam o juízo final.

Essa sensibilidade desenvolveu-se com mais facilidade entre os protestantes porque sua prática religiosa os estimulava a formar uma ideia pessoal das coisas à luz de uma leitura reflexiva dos textos sagrados, enquanto os católicos ficavam mais submetidos à autoridade da hierarquia papal. Aliás, podemos notar que, mesmo entre os protestantes, os abolicionistas foram mais ativos nos movimentos recentes na época (como o metodismo), e não nas Igrejas estabelecidas e mais institucionalizadas.

Essa nova sensibilidade chegou também aos meios católicos, tocando primeiro os indivíduos, como o abade Gregório (1750–1831) na França, e depois se espalhando entre alguns missionários. Simplesmente o fato é que entre os protestantes, que estavam mais acostumados a mobilizar multidões (fazendo sermões, batendo de porta em porta etc.), a influência da religião em relação ao abolicionismo foi maior e mais visível.

*A abolição da escravatura nas colônias francesas* (1849), de Auguste François Biard.

# Quatro momentos-chave

**73-71 a.C.**: A revolta de Spartacus. Spartacus nasceu na Trácia, tornou-se soldado romano e depois desertor; foi escravizado e levado para a escola de gladiadores de Cápua. Escapou em 73 a.C., com algumas dezenas de companheiros. Muitos outros fugitivos de diversas origens juntaram-se a ele e, em pouco tempo, estava à frente de 40 mil homens. Foi preciso enviar 50 mil legionários a Crasso para dominar a revolta (março de 71 a.C.); 6 mil prisioneiros foram crucificados na estrada de Cápua para Roma.

**869-883**: No século IX da nossa era, a região do baixo Iraque, entre o Tigre, o Eufrates e o Golfo Pérsico, era um imenso pantanal. Os *zendjs* (escravos negros) trabalhavam ali em campos de milhares de homens para drenar, dessalinizar e transformar a região em área de cultivo. Um poeta da corte que se apresentava como descendente de Ali amotinou os *zendjs* e muitos camponeses explorados se aliaram a eles. A cidade de Basra foi invadida. Bagdá e Meca ficaram sob ameaça. Foi necessário um exército de 50 mil homens para dominar a revolta, em 883.

**1791-1804**: Na noite de 22 para 23 de agosto de 1791 começou *a revolta* dos escravos negros da parte francesa (oeste) *de São Domingos*. Beneficiada pela chegada em massa de novos escravos na ilha, pela desunião entre os fazendeiros e a metrópole (no início da Revolução Francesa) e pela deserção dos negros livres, que tinham um papel importante no controle dos escravos, a revolta se alastrou rapidamente. Liderada por Toussaint-Louverture (o "Cônsul negro"), essa revolta foi a única grande insurreição da história da escravidão a ter sucesso absoluto.

**1848**: Assinado por François Arago, ministro da Marinha, mas iniciado por Victor Schoelcher, *o decreto de 27 de abril de 1848 aboliu a escravidão nas colônias francesas*. Assim, a Revolução Francesa e "o espírito de 1848" tornaram imediatamente possível uma obra que havia sido preparada muito tempo antes, mas que permanecia no registro das virtualidades. A abolição, porém, não acabou com o regime colonial, que persistiu ainda depois da Segunda Guerra Mundial.

# Leituras complementares

## Edição francesa

ANDREAU, Jean; DESCAT, Raymond. *Esclave en Grèce et à Rome*. Paris, Hachette, 2006.

BAZEMO, Maurice. *Esclaves et esclavage dans les anciens pays du Burkina Faso*. Paris, L'Harmattan, 2007.

BOULLE, Pierre. *Race et esclavage dans la France d'Ancien Regime*. Paris, Perrin, 2007.

BRANDA, Pierre; LENTZ, Thierry. *Napoléon, l'esclavage et les colonies*. Paris, Fayard, 2006.

DAVIS, Robert. *Esclaves chrétiens, maîtres musulmans*. Nîmes, Jacqueline Chambon, 2006.

EHRARD, Jean. *Lumières et esclavage*. Bruxelas, André Versaille Éditeur, 2008.

EQUIANO, Olaudah. *Gustavus Vassa l'Africain, le passionnant récit de ma vie*. Paris, L'Harmattan, 2003.

FINLEY, Moses. *Esclavage antique et idéologie moderne*. Paris, Minuit, 1979.

MEILLASSOUX, Claude. *Anthropologie de l'esclavage*. Paris, PUF, 1986.

OUMANI, Moustapha Kadi. *Un tabou brisé*: l'esclavage en Afrique, cas du Niger. Paris, L'Harmattan, 2005.

PÉTRÉ-GRENOUILLEAU, Olivier (org.). *Dictionnaires des esclavages*. Paris, Larousse, 2008.

RÉGENT, Frédéric. *La France et ses esclaves*. Paris, Grasset, 2007.

RUETE, Emily. *Mémoires d'une princesse arabe*. Paris, Karthala, 1991.
SPARKS, Randy. *Les deux princes de Calabar*. Rennes, Les Perséides, 2007.
STELLA, Alessandro. *Histoires d'esclaves dans la péninsule Ibérique*. Paris, École des Hautes Études en Sciences Sociales, 2000.
TESTART, Alain. *L'esclave, la dette et le pouvoir*. Paris, Errance, 2001.
_____. *Les morts d'accompagnement*. Paris, Errance, 2004.

## Edição brasileira

ALENCASTRO, Luiz Felipe de. *O trato dos viventes:* formação do Brasil no Atlântico Sul, séculos XVI e XVII. São Paulo, Companhia das Letras, 2000.
BELLUCCI, Beluce (org.). *Introdução à história da África e da cultura afro-brasileira*. Rio de Janeiro, UCAM/CEAA/CCBB, 2003.
CONRAD, Robert Edgar. *Tumbeiros:* o tráfico de escravos para o Brasil. São Paulo, Brasiliense, 1985.
COSTA E SILVA, Alberto da. *A manilha e o libambo:* a África e a escravidão de 1500 a 1700. Rio de Janeiro, Nova Fronteira, 2002.
_____. *Francisco Félix de Souza:* mercador de escravos. Rio de Janeiro, Nova Fronteira, 2004.
_____. *A enxada e a lança:* a África antes dos portugueses. Rio de Janeiro, Nova Fronteira, 2006.
CUNHA, Manuela Carneiro da. *Negros, estrangeiros:* os escravos libertos e sua volta à África. São Paulo, Brasiliense, 1985.
FERNANDES, Florestan. "A sociedade escravista no Brasil". In: *Circuito fechado*. São Paulo, Hucitec, 1978.
FERREIRA, Roquinaldo Amaral. *Dos sertões ao Atlântico:* tráfico ilegal de escravos e comércio lícito em Angola, 1830-1860. Dissertação de mestrado. Rio de Janeiro, UFRJ, 1996.
FLORENTINO, Manolo. *Em costas negras:* uma história do tráfico de escravos entre a África e o Rio de Janeiro (séculos XVIII e XIX). São Paulo, Companhia das Letras, 1997.

FLORENTINO, Manolo. *Tráfico, cativeiro e liberdade*. Rio de Janeiro, séculos XVII–XIX. Rio de Janeiro, Civilização Brasileira, 2005.

FLORENTINO, Manolo; MACHADO, Cacilda (orgs.). *Ensaios sobre a escravidão* (I). Belo Horizonte, Ed. UFMG, 2003.

GORENDER, Jacob. *O escravismo colonial*. São Paulo, Ática, 1978.

_____. *A escravidão reabilitada*. São Paulo, Ática, 1990.

JAMES, C. L. R. *Os jacobinos negros*: Toussaint L' Ouverture e a revolução de São Domingos. São Paulo, Boitempo, 2000.

LOPES, Nei. *Enciclopédia brasileira da diáspora africana*. São Paulo, Selo Negro, 2004.

LOVEJOY, Paul. *A escravidão na África:* uma história de suas transformações. Rio de Janeiro, Civilização Brasileira, 2002.

MACHADO, Maria Helena, *O plano e o pânico:* os movimentos sociais na década da Abolição. São Paulo, Edusp, 1994.

MATTOS, Hebe Maria. *Das cores do silêncio:* significados da liberdade no sudeste escravista. Rio de Janeiro, Nova Fronteira, 1997.

_____. *Escravidão e cidadania no Brasil*. Rio de Janeiro, Jorge Zahar, 2000.

MEILLASSOUX, Claude. *Antropologia da escravidão:* o ventre de ferro e dinheiro. Rio de Janeiro, Jorge Zahar, 1995.

MELLO E SOUZA, Marina. *Reis negros no Brasil escravista*. Belo Horizonte, Ed. UFMG, 2002.

OLIVER, Roland. *A experiência africana*. Rio de Janeiro, Jorge Zahar, 1994.

PANTOJA, Selma. *Nzinga Mbandi: mulher, guerra e escravidão*. Brasília, Thesaurus, 2000.

REIS, João José. "Notas sobre a escravidão na África pré-colonial". In: *Estudos Afro-Asiáticos,* n. 14, CEAA, Rio de Janeiro, 1987, p. 5-21.

REIS, João José; GOMES, Flávio (orgs.). *Liberdade por um fio:* história dos quilombos no Brasil. São Paulo, Companhia das Letras, 1997.

RODRIGUES, Jaime. *De costa a costa:* escravos e tripulantes no tráfico negreiro (Angola–Rio de Janeiro: 1780–1860). Tese de doutorado, Campinas, IFCH/Unicamp, 2000.

RUSSEL-WOOD, A. J. R. "Através de um prisma africano: uma nova abordagem no estudo da diáspora africana no Brasil colonial". In: *Tempo*, v. 6, n. 12, dez. 2001, p.11-50.

SILVA, M. B. N. da (org.). *Brasil:* colonização e escravidão. Rio de Janeiro, Nova Fronteira, 2000.

SLENES, Robert. "'Malungu, Ngoma vem!': África coberta e descoberta no Brasil". In: *Revista USP*, n. 12, dez.-jan.-fev. 1991-92, p. 48-67.

_____. *Na senzala, uma flor:* esperanças e recordações na formação da família escrava. Sudeste, séc. XIX. Rio de Janeiro, Nova Fronteira, 1999.

SOARES, Mariza de Carvalho. *Devotos da cor:* identidade étnica, religiosidade e escravidão no Rio de Janeiro, século XVIII. Rio de Janeiro, Civilização Brasileira, 2000.

THORNTON, John. *A África e os africanos na formação do mundo atlântico (1400-1800)*. Rio de Janeiro, Elsevier, 2004.

VIOTTI DA COSTA, Emilia. *Da senzala à colônia*. São Paulo, Ed. Unesp, 1998.

Este livro foi composto em Adobe Garamond, corpo 11/14,3, e reimpresso em papel Avena 80g/m² na gráfica Rettec, para a Boitempo, em agosto de 2021, com tiragem de 500 exemplares.